家庭でできる 本格イタリアン、プロの味。

リストランテ アルポルト
片岡 護

河出書房新社

Introduzione

はじめに

本格イタリアンをおうちで作ってみましょう

　本書は家庭で楽しむ本格イタリアンのレシピです。レストランで給仕する料理をできるだけ簡単に作れるようにアレンジしました。食材はできるだけ手に入りやすいものを使っていますが、どうしても譲れないものも多少あります。そのときは代用できるものもありますので、お好みでアレンジしてみてください。

　また自分の好みの器を使ったり、パスタの種類を楽しんだり、チーズを選んだり、ソースを工夫してみたりと、イタリア文化を存分に堪能してみてください。

　私が50年間追求してきたイタリア料理のレシピばかりです。アルポルトで表現してきた料理を、読者の方々が家庭で作って楽しんでいただけたらとても幸せに思います。

イタリア料理＝パスタです

　パスタがあることがイタリア料理と言っても過言ではありません。

　実は、北イタリアと南イタリアでは食べているパスタ料理が異なります。

　ミラノやトリノがある北イタリアは山が多く酪農が盛んで、バターやチーズ、牛乳や生クリームを使った料理が多い。またよく食べられているパスタは、手打ちした生パスタです。

　ナポリやシチリア島がある南イタリアは海に囲まれているため、魚介が豊富です。地中海の気候で栽培されたトマトとオリーブオイルを使い、乾燥パスタをよく食べます。

　北イタリアと南イタリアの中間にあるローマは、生パスタも乾燥パスタもよく食べます。フィレンツェのあるトスカーナ州は豆を使った料理がたくさんあります。スープにしたり他の食材と煮込んだりして、豆の香りや食感を最大限に生かした料理が考えられました。

イタリアは私にとって第二の故郷

　1968年、20歳のときに総領事付料理人として私はイタリアに渡りました。その後、ミラノのレストランで修行しながら5年ほど暮らしました。東京・西麻布にある『リストランテ ア

　ルポルト』の名は、ミラノにいた頃によく通った魚介料理の店、「アルポルト」からいただきました。店主ドメニコ氏が経営する店内には、とれたての新鮮な魚が並び、食べたいものを自分の好みに調理してもらうお店でした。アルポルトの意味は「港にて」。港には船が出港したり入港したりします。人生も出発と終着の連続、そんな言葉は私の生き方と共感するところがあったのです。

　イタリア料理の修業をした私にとって、イタリアは第二の故郷と言えるでしょう。

　当時は南イタリアによく旅をし、勉強のため各地の料理を食しました。大都市のローマよりも、南イタリアにある小さな町・アマルフィやナポリなどを訪れ、食べ歩きしながらイタリアの食文化と味を学んでいました。

「時間」を楽しむ文化

　イタリア料理のコースは、前菜（アンティパスト）、一の皿（プリモ・ピアット）、二の皿（セコンド・ピアット）、チーズ（フォルマッジ）、デザート（ドルチェ）、カフェ・食後酒（ディジェスティーヴォ）という構成。

　イタリア料理はパスタの種類が多いのが特徴で、料理やワインを楽しみ、場合によっては3～4時間くらいかけて談笑し、一皿ずつゆっくりと味わいながら食すこともあります。

　イタリア料理の一の皿はパスタだけでなく、グラタン、リゾット、スープなどがありますが、日本人には前菜、プリモ・ピアットとドルチェだけで満腹になる方も多いでしょう。イタリア旅行でレストランに入ったとき、一の皿はミネストラかパスタ一品にしておいた方がいいかもしれませんね。

　みなさんの食の時間がより豊かなものになることを願いつつ。

2023年　アルポルト　オーナーシェフ　片岡 護

Sommario 目次

Capitolo 3 **Secondi piatto di pesce** メイン料理 魚

Capitolo 4 **Secondi piatto di carne** メイン料理 肉

Capitolo 5　**Dolce**　デザート

Capitolo 6　**Salsa**　ソース

この本の使い方

・計量単位は小さじ＝5㎖、大さじ＝15㎖、1カップ＝200㎖です。

・適量はお好みで分量を調節してください。

・火加減は特に表記のない場合は中火です。

・オーブンは機種により異なりますので、できあがりを確認しながら使用してください。

・オーブンから取り出すときは耐熱ミトンを使い、やけどに注意してください。

Capitolo
1

Antipasto

前菜

イタリア料理のコースは、
アンティパスト、プリモ・ピアット、セコンド・ピアットと続きます。
アンティパストとは前菜のことで、
カルパッチョ、カプレーゼ、ブルスケッタなど多種多様です。
例えば牛たたきのカルパッチョを前菜に選んだ後、
メイン料理で牛ロースを選んでも問題ありませんし、
いわしのマリネを前菜にした後、
アクアパッツァをいただいてもかまいません。
いろいろな種類の食材を組み合わせ、
メニューを決めてめしあがりください。

白身魚のカルパッチョ

さわやかなフレンチドレッシングと一緒に
季節の白身魚を楽しむ

材料（1人分）

白身魚（すずきなど）────── 60g

シブレット ────── 5〜6本

レッドキャベツスプラウト ────── 適量

あさつき（小口切り）────── 大さじ1

オリーブオイル ────── 10㎖

レモン汁 ────── 少々

日本風おさしみソース（P.138）────── 40㎖

塩・こしょう ────── 各少々

〈サラダ〉

ミックスベビーリーフ ────── 適量

ラディッシュ（薄切り）────── 適量

姫にんじん（薄切り）────── 1/2切れ

紅芯だいこん（薄切り）────── 1/2切れ

花穂 ────── 1本

フレンチドレッシング（P.139）────── 大さじ1

プチトマト ────── 1/2個

作り方

1 白身魚は薄くそぎ切りにする。

2 サラダの材料は軽くフレンチドレッシングであえておく。

3 1を皿に並べ、塩・こしょうを軽くふってレモン汁、おさしみソースをぬりつけるようにかける。

4 2のサラダを白身魚の上にのせ、レッドキャベツスプラウト、シブレット、あさつきを散らしてオリーブオイルをふる。

Nota dello chef

アルポルトの白身の魚は、季節の活魚を使います。ご家庭でもぜひ旬のものを楽しんでください。夏はすずき、春はたい、冬はひらめなど。スーパーで買うのであれば新鮮な白身の切り身を選んでください。自分で釣ったものでも楽しいかもしれません。今回使うフレンチドレッシングは白身魚によく合います。

牛肉のカルパッチョ ルコラサラダ添え

ルコラとパルミジャーノの
香りをまとった牛の薄切り

材料（2人分）

牛もも肉 ────── 160g

ルコラの葉（あれば野生の）────── 12枚

マッシュルーム ────── 2個

セロリ ────── 8cm

パルミジャーノチーズ（スライス）────── 40g

オリーブオイル ────── 大さじ3〜4

バルサミコ酢、ワインビネガー、
　　パセリ（みじん切り）────── 各適量

オリーブオイル（トッピング用）────── 大さじ1/2

パセリ（みじん切り）（トッピング用）────── 少々

塩・こしょう（牛肉にかける分も）────── 各少々

レモン汁（牛肉にかける分も）────── 適量

作り方

1 マッシュルームはスライスし、セロリは小口切りにする。

2 ボウルに**1**を入れ、オリーブオイル（大さじ1）、バルサミコ酢、ワインビネガー、レモン汁、パセリ、塩・こしょうを加えて混ぜ合わせる。

3 牛肉に塩・こしょうを強めにかけ、オリーブオイル（大さじ1）をひいたフライパンで、牛肉の表面を強火でカリッとするまで焼く。

4 全体に焼き色がついたら火からおろし、牛肉をアルミホイルで包み、バットにのせる。余熱が通らないようバット越しに氷水にあてて冷やす。ペーパータオルで水気を取る。

5 **4**を薄切りにして皿に並べ、軽く塩・こしょうしてからレモン汁、オリーブオイル（大さじ1）をかける。

6 **2**をのせ、ルコラの葉を手でちぎってのせる。

7 薄切りにしたパルミジャーノチーズをのせ、パセリとオリーブオイル（大さじ1/2）をふる。

Nota dello chef

イタリア人は牛もも肉を新鮮な生で使います。ハムみたいに薄切りにして、お皿に並べてオリーブオイルと塩・こしょう、そしてレモンをふって白トリュフをかけて食します。でもこれはレストランの料理。トリュフは普段の料理では使いづらいので、家庭で作ることができるように、今回はセロリとマッシュルームを使うレシピを考えてみました。牛肉は軽く塩・こしょうで下味をつけておくことがポイントです。オーロラソース（P.136）をかけても美味しいです。
牛もも肉をほぼレアの状態で食べる料理なので、肉は新鮮で質のいいものを使いましょう。

Zeppoline

ゼッポリーニ

イタリア家庭の定番！ のりが香る、
もっちりとした小麦粉のだんご

材料（4人分）

A｜ 強力粉 ──── 50g
　｜ 薄力粉 ──── 50g
　｜ 水 ──── 110mℓ
　｜ 青のり（生）──── 30g
　｜ （乾燥の場合は小さじ1）
　｜ ドライイースト ──── 2g
　｜ 塩 ──── 1g
揚げ油 ──── 適量
塩 ──── 適量

作り方

1 強力粉と薄力粉は合わせてふ
るう。 Aをすべてボウルに入れ
て混ぜる。

2 暖かい場所に1時間ほどおき、
倍量ほどになるまで発酵させる。

3 160〜170℃の揚げ油に、**2**を
スプーンですくって入れ、表面
が色づくまで揚げる。油をきっ
て熱いうちに塩をふる。

Nota dello chef

ピザの生地の中に生のりを入れて揚げています。
深めの鍋を使って、たっぷりの油で揚げましょ
う。生地はスプーンで一口大にとり、丸くして
そっと油に落とし、カリッと揚げてください。温
かいうちにめしあがれ。

Fritto misto
フリットミスト
素材の旨みを閉じ込めたサクサクのフリット

材料（2人分）

才巻えび（小）（またはバナメイえび） ……… 4尾

ほたて貝 ……… 2個

強力粉 ……… 適量

天ぷら粉 ……… 50g

水 ……… 75 〜 85㎖

揚げ油 ……… 適量

ズッキーニ（0.8㎝厚さの輪切り） ……… 2枚

ヤングコーン ……… 2本

塩・こしょう ……… 各適量

レモン ……… 1/4個

作り方

1 えび、ほたて貝は水気を取る。ズッキーニは輪切りにして半分に切る。

2 **1**に強力粉をまぶす。

3 天ぷら粉は表示よりやや薄めに水で溶く。

4 揚げ油を170℃に熱し、えびは強力粉をふって、ほたて貝は**3**の衣をくぐらせて油に入れ、きつね色になるまで火を通す。ズッキーニ、ヤングコーンは衣をくぐらせて揚げる。

5 揚げ上がったらそのつど、熱いうちに塩・こしょうをふる。

6 皿に盛り、レモンを添える。

Nota dello chef

食材にやりいか、ほたるいか、白身魚等をミックスしてもいいでしょう。できればオリーブオイルで揚げてください。天ぷらにできる季節野菜をミックスしても美味しくいただけます。

Gratin di melanzane a pezzetti con ricci di mare

なすの一口グラタン
うにのせ

うにの風味が広がり
一口食べるとトロッとなすがとろける

材料（3人分）

なす ……… 1本
トマトソース（P.126）……… 大さじ3
生うに ……… 大さじ3
パルミジャーノチーズ（粉末）……… 適量
溶かしバター ……… 少々
レモン汁 ……… 少々
パセリ（みじん切り）……… 適量
塩（アク取り分）……… 少々

作り方

1 なすはへたを取って皮を3か所すじ状にむい
てから3〜4cm長さに、1本を3切れぐらいに
輪切りにし、アクを取るために切り口に塩を
ふってしばらくおく。なすの表面に水分が浮き
出してきたら、ふきんかキッチンペーパーでふ
き取る。

2 180℃に熱した油で全体がきつね色になるま
で素揚げして火を通す。

3 油をよくきってアルミホイルをしいた天板にお
き、トマトソースをのせて、生うにをたっぷりの
せる。

4 パルミジャーノチーズをふって溶かしバターを
かけ、180℃に予熱したオーブンでチーズが
溶ける程度まで1〜2分焼く（焼きすぎに気を
つける）。

5 皿に盛り、軽くレモン汁とパセリをふる。

Nota dello chef

なすの切り口に塩をして、アクとして出てくる水分をよくふいてく
ださい。160〜180℃ぐらいで揚げましょう。揚げたなすの上
にトマトソースとバターとうにをのせ、パルミジャーノチーズをか
けて焼き上げます。今回は長なすを使用しました。

Insalata alla Caprese

カプレーゼ

\ カプリ風のシンプルでおしゃれなサラダ

材料（2人分）

フルーツトマト ──── 1個

モッツァレラチーズ ──── 1/2個

たまねぎ ──── 1/8個

アンチョビフィレ ──── 1/2 〜 1枚

フレンチドレッシング（P.139）──── 少々

フレッシュバジル ──── 2枚

塩・こしょう ──── 各少々

ジェノベーゼソース（P.132）──── 小さじ2

作り方

1 たまねぎを薄くスライスして軽く氷水にさらし、ペーパータオルにとって水気をきる。バジルをせん切りにする。

2 トマトはへたを取り、縦半分に切ってから、皿で安定するように側面を薄く切る。切り口の表面に軽く塩・こしょうをふっておく。

3 モッツァレラチーズは同じくらいの大きさになるよう2等分し、軽く塩・こしょうをふり、手でちぎったアンチョビをのせ、さらに**2**の上にのせる。

4 皿に**3**をのせ、**1**のたまねぎをのせる。フレンチドレッシングとジェノベーゼソースをかけ、バジルをのせる。

Nota dello chef

カプリは水牛を飼っている島です。島ではカプレーゼに水牛の乳（ブッファラ）からとったモッツァレラチーズが使われます。ブッファラは高級ですが、みずみずしくて旨みがあります。カプレーゼにはぜひブッファラチーズを使ってみましょう。

Insalata di funghi e crescione

マッシュルームとクレソンのサラダ

香りと歯ごたえが楽しめる。
バルサミコ酢で一流レストランの味に！

材料（2人分）

クレソン ―――― 10本
マッシュルーム ―――― 2個
さらしたまねぎ ―――― 5g
フレンチドレッシング（P.139）
―――― 小さじ1
オリーブオイル ―――― 大さじ1
レモン汁 ―――― 小さじ1/2
白ワインビネガー ―――― 少々
バルサミコ酢 ―――― 小さじ1/3
塩 ―――― 少々
パセリ（みじん切り）―――― 少々

作り方

1 クレソンの先端部分と葉先をつみとったものと、マッシュルームを薄くスライスしたものをボウルに入れる。

2 1にさらしたまねぎ、フレンチドレッシング、オリーブオイル、レモン汁、白ワインビネガー、バルサミコ酢、塩を1に加え、さっくりと混ぜ合わせる。

3 2を皿に盛りつけ、パセリをかける。

nota dello chef

硬くて白い新鮮なマッシュルームを使いましょう。野菜に塩・こしょうをかけるとすぐにしんなりしてしまいます。調味料やドレッシングと野菜は、あえたてでいただきましょう。

Insalata Cesare

シーザーサラダ

チーズの旨みとカリカリのバゲット、
揚げた生ハムがよく合う

材料（2人分）

ロメインレタス ——— 4枚
バゲット（厚さ2mm） ——— 4枚
生ハム ——— 1枚
パルミジャーノチーズ（かたまり）
——— 適量
パルミジャーノチーズ（粉末）
——— 適量
パセリ（みじん切り） ——— 少量

〈ドレッシング〉
オリーブオイル ——— 大さじ1
アンチョビペースト ——— 小さじ2
フレンチドレッシング（P.139）
——— 大さじ2
レモン汁 ——— 小さじ1
白ワインビネガー ——— 小さじ1
バルサミコ酢 ——— 小さじ1
こしょう ——— 少々

作り方

1 ロメインレタスは1.5cm幅に切る。バゲットはトーストする。生ハムは一口大に切り、素揚げしておく。

2 ボウルでオリーブオイルとアンチョビペーストをよく混ぜる。アンチョビペーストは混ざりにくいので、最初にオリーブオイルでよく溶いておく。残りのドレッシングの材料を加えて混ぜる。

3 ボウルに**1**のロメインレタスを入れて**2**のドレッシングであえる。パルミジャーノチーズ（粉末）を加えて軽く混ぜ合わせる。器に盛り、トーストしたバゲットを割ってのせ、素揚げした生ハムをのせ、薄くスライスしたパルミジャーノチーズをのせてパセリを散らす。

Panino con prosciutto e crescione

生ハムとクレソンのパニーニ

イタリアのポピュラーで手軽なサンドウィッチ

材料（2人分）

バゲット……約30㎝分
バター……20g
マスタード……5g
サラダ菜……4枚
生ハム……8枚
クレソン……6本
オリーブオイル……適量

作り方

1 バゲットを約15㎝長さに切り、縦に切り込みを入れる。

2 バターを室温に戻してボウルに入れ、マスタードを加えて混ぜる。

3 **2**をバゲットに塗り、サラダ菜をのせる。

4 生ハムを挟み、クレソンを適当な大きさにちぎってのせ、オリーブオイルをかける。

Nota dello chef

クレソンの代わりにルコラでも。苦味や香りのある葉っぱと一緒に食べると美味しいですよ。イタリアでは買ってきたパンを切って、生ハムを挟んだものがよく食べられています。そんな典型的な食べ方の他に、葉っぱを挟んだりトマトのスライスを挟んだり、いろいろなバリエーションがあります。チーズだけでもいい。玉子焼きでもいい。カツレツでもハンバーグでも、ツナでもえびでも。バターとのりの佃煮を混ぜたものでも、ジャムを塗っても。イタリア人はなんでも好きなものを挟んで食べます。

Insalata di mare

海の幸サラダ

白ワインとビネガーたちが
さわやかに香る魚介のサラダ

材料（2人分）

才巻えび ──── 2尾

芝えび ──── 4尾

やりいか ──── 1杯

ムール貝 ──── 2個

あさり ──── 4個

たこ（足）──── 2切れ

白ワイン ──── 1/2カップ

穂じそ ──── 1本

塩 ──── 適量

あさつき（小口切り）──── 適量

A│ オリーブオイル ──── 大さじ2〜3

　│ ワインビネガー ──── 大さじ1/2

　│ バルサミコ酢 ──── 小さじ1

　│ レモン汁 ──── 小さじ1

　│ パセリ（みじん切り）──── 大さじ1

　│ 塩・こしょう ──── 各少々

作り方

1 いかは胴体からはずして下処理し皮をむく。えびは水洗いして竹ぐしで背わたを取る。

2 鍋に湯を沸かして塩を入れ、いかと芝えびはそれぞれ塩ゆでする。才巻えびも同様にゆでる。ゆですぎないように注意し、ゆで上がったらざるに上げ、自然に冷ましておく。

3 いかは胴を輪切りに、足は半分に切り、たこは2〜3cmに切る。芝えびは殻をむき、身だけにする。才巻えびは頭と尾を残し、殻をむく。

4 鍋にムール貝、あさりを別々に入れ、それぞれに白ワインと水を各1/4カップ加えてふたをし、殻が開くまでワイン蒸しにする。蒸し上がったら氷せんにして冷ます。

5 ボウルにいかと芝えび、ムール貝とたことあさりを入れ、Aの材料を入れてあえる。

6 器に5を盛りつけ、才巻えびと穂じその花、あさつきをのせる。

Nota dello chef

調味料と具材を合わせてから時間をおいてしまうと、味が落ちてしまいます。材料は冷やしてから、食べる直前に調味料と合わせてください。サラダはできたてをどうぞ。シーフードはゆですぎないことがポイントです。いい食材は美味しく、味つけをシンプルにすることができるので、ヘルシーな一品になります。

Sogliole dorate all parmigiano

したびらめのチーズ焼き

チーズの香りをまとった白身魚。
ワインのおつまみに最適！

材料（2人分）

したびらめ（3枚におろしたもの）
　……… 2枚

塩・こしょう ……… 各適量

小麦粉 ……… 適量

溶き卵 ……… 適量

パルミジャーノチーズ（粉末）
　……… 適量

オリーブオイル ……… 大さじ1

パセリ（みじん切り）……… 適量

A｜ バター ……… 大さじ2
　｜ 塩・こしょう ……… 各少々
　｜ レモン汁 ……… 小さじ1と1/2

作り方

1 したびらめにまんべんなく塩・こしょうを軽くふる。

2 1に小麦粉、溶き卵、パルミジャーノチーズを順にまぶす。

3 フライパンにオリーブオイルを熱し、2を背の身から入れ、きつね色になるまで両面を焼く。

4 3のしたびらめを皿に盛り、同じフライパンにAを入れて温めてしたびらめにかけ、パセリをふる。

Nota dello chef

きつね色になるまでしっかりと焼いてから裏返す。

Gratin dauphinois

じゃがいも グラタンドフィノワ

層になったじゃがいもスライスに
ソースがからむ

材料（6人分）

じゃがいも（小）──── 3個
バター ──── 適量
グリエールチーズ（粗みじん切り）──── 50g
パルミジャーノチーズ（粉末）──── 10g
パセリ（みじん切り）──── 適量
A│ 牛乳 ──── 50mℓ
　│ 生クリーム ──── 2カップ
　│ 塩 ──── 2つまみ
　│ 粗びき黒こしょう ──── 少々
　│ ナツメグ ──── 少々

作り方

1 じゃがいもは皮をむいて水洗いしてから2mm厚さの半月切りにする。オーブンを180〜200℃に予熱しておく。

2 グラタン皿にバターを塗り、**1**のじゃがいもを並べる。

3 Aを混ぜて**2**に流し入れ、グリエールチーズ、パルミジャーノチーズ、溶かしバターをかけ、予熱した180℃のオーブンに入れて表面がきつね色になるまでじっくり焼き、火を通す。

4 オーブンから取り出して、パセリをのせる。

Nota dello chef

バターをひいたグラタン皿に、薄くスライスしたじゃがいもを並べて、その間にクリーム、チーズ、牛乳のソースを重ねます。じゃがいもの種類によっては硬さが違うので、好みの厚さにスライスしてください。私は薄いほうが好みです。小麦粉を入れず、ソースの水分だけで焼き上げているグランドフィノワ。水分が煮詰まることによってトロッとします。冷めて硬くなったものは、冷蔵庫に入れて冷やしてからもう一度型で抜いて温めてみるといいでしょう。

26

アボカドとトマトのブルスケッタ

トマトとアボカドのさわやかな具材を
サクサクバゲットにのせて

材料（4人分）

トマト（中）……… 2個

アボカド ……… 1個

たまねぎ ……… 1/8個

ケッパーの塩漬け ……… 大さじ1

A｜ オリーブオイル ……… 大さじ2

　｜ 白ワインビネガー ……… 小さじ1

　｜ バルサミコ酢 ……… 小さじ1/2

　｜ レモン汁 ……… 小さじ1/2

　｜ 塩・黒こしょう ……… 各少々

バゲット（7〜8mmのスライス）……… 8枚

にんにく ……… 適量

塩・黒こしょう ……… 各適量

オリーブオイル ……… 適量

パルミジャーノチーズ（粉末）……… 大さじ1

パセリ（みじん切り）……… 適量

作り方

1 トマト、アボカドは7mm角に切る。たまねぎは粗みじん切りにして軽く水にさらす。ケッパーの塩漬けは粗みじん切りにする。

2 1をボウルに入れ、Aを加えてあえる。

3 軽くきつね色に焼いたバゲットの両面ににんにくをこすりつけて香りをつけ、塩・黒こしょう、オリーブオイル、パルミジャーノチーズをふってカリッとするまでトースターで焼く。

4 2を3にのせ、パセリをふる。

Nota dello chef

具材は、水分が出てこないうちに、あえたてをのせて食べることがポイントです。また新鮮なトマトをのせましょう。甘すぎるトマトにはレモンで酸を足し、甘みが足りないトマトにはバルサミコ酢を足してみてください。はちみつとレモンを加えても美味しくいただけます。

Sardine marinate al limone

いわしのマリネ

しっかりとマリネされたいわしは
酒のおつまみに

材料（2人分）

いわし ──── 2尾

米酢 ──── 適量

レモン汁 ──── 大さじ3

レモン（スライス）──── 1/2個分

フレンチドレッシング（P.139）
──── 大さじ1

オリーブオイル ──── 大さじ1

塩 ──── 適量

赤たまねぎ ──── 1/8個

パセリ（みじん切り）──── 適量

作り方

1 いわしは頭を取り除いて3枚に
おろして中骨を取り、身にたっぷ
り塩をふる。

2 1を15分おき、水洗いしてから、
ペーパータオルなどでふいて水
気を取る。バットに入れて、身
がかぶるくらいの米酢に漬ける。
身が白っぽくなってきたら取り出

し、皮をむき、一口大に切り、レ
モン汁とレモンスライスを合わ
せたものに漬けておく。

3 2をボウルに入れ、フレンチド
レッシング、オリーブオイルを加
えてあえる。

4 器に盛り、薄くスライスして水に
さらした赤たまねぎを上にのせ、
パセリを飾る。

Nota dello chef

新鮮で活きのいいいわしを使ってください。いわしは冬の方が脂はのっています。
青魚はしっかりとしめることが大切です。中の水分を取って、生ぐさいにおいを
除いてしまうには塩が効果的。いわしでしたら少しきつめの塩をして10分から
15分おいたあと、余分な塩は洗い流します。ひこいわしのマリネを塩漬けにした
ものがアンチョビ。発酵するときに出る汁は、旨みを持っているガルムというソー
スで古代からあるものです。日本の魚醤と似ています。

材料（3人分）

殻つきほたて貝 ……… 3個

塩・こしょう ……… 各少々

A｜パン粉 ……… 大さじ2

　｜パルミジャーノチーズ ……… 大さじ2

　｜にんにく（みじん切り）

　｜ ……… 小さじ1/2

　｜黒こしょう ……… 少々

オリーブオイル ……… 大さじ2

溶かしバター ……… 大さじ2/3

パセリ（みじん切り）……… 適量

レモン ……… 1/4個

作り方

1 ほたて貝柱を殻から取り出し、塩・こしょうをふって殻の上にのせる。

2 Aをよく混ぜて**1**にかける。その上にオリーブオイル、溶かしバターをかけ、200℃に予熱したオーブンで7〜8分、焼き色がつくまで焼く。

3 仕上げにパセリをふって、レモンを搾る。

Nota dello chef

パン粉のソースは、えびや魚にも合います。ムール貝やスカンピえびでも美味しくいただけます。魚の場合は、皮目にパン粉のソースをつけて焼いてください。

Capesante gratinate

ほたて貝のグラチネ

やわらかなほたて貝に
チーズとにんにくの香りが漂う

材料（3〜4人分）

ズッキーニ（小） ─── 1本
たまねぎ ─── 1/4個
A ┃ トマト水煮缶（ダイス） ─── 150g
　┃ トマトケチャップ ─── 大さじ1
　┃ オリーブオイル ─── 大さじ1
　┃ 塩 ─── ひとつまみ
　┃ バター ─── 10g
塩・こしょう ─── 各適量
卵 ─── 3個
パルミジャーノチーズ（粉末）
　　─── 大さじ2
生クリーム ─── 40ml
塩・こしょう ─── 各少々
オリーブオイル ─── 大さじ1
バター ─── 20g

作り方

1 たまねぎは薄切りに、ズッキーニは5mm厚さの短冊切りにする。

2 Aを鍋に入れ、混ぜながら温めてトマトソースを作る。

3 フライパンにバター10gを熱して**1**のたまねぎとズッキーニを入れ、塩・こしょうをふってしんなりするまで炒める。バットに上げて粗熱を取る。

4 ボウルに卵を溶きほぐし、**3**と塩・こしょう、パルミジャーノチーズ、生クリームを加えて混ぜる。

5 フライパンにオリーブオイルとバター10gを入れて強火にかけ、温まったら**4**を流し入れる。かき混ぜながら半熟の状態になるまで焼く。

6 全体が固まる前に火を弱め、底がこんがりするまで焼く。皿にフリッタータをすべらせ、焼き面が下になるように取り出す。フライパンをかぶせて上下を返し、反対側も焼く。

7 **6**を1/6に切って皿に盛り、**2**のトマトソースをかける。

Frittata
フリッタータ

野菜たっぷり！ イタリア家庭の玉子焼き

nota dello chef

イタリアは野菜が豊富です。いろいろな野菜をゆでてソテーしてから卵に混ぜこんで焼いていくと、味わい深いイタリアの玉子焼きになります。簡単にできる家庭的な一品です。

材料（2人分）

はまぐり ……… 6個（400 〜 500 g）

トマト ……… 小1/2個

A｜ バター ……… 120g

　　にんにく（みじん切り）

　　　……… 大1片分

　　パセリ（みじん切り）……… 10g

　　あさつき（小口切り）……… 3本分

　　レモン汁 ……… 少々

　　塩・こしょう ……… 各少々

　　ブランデー（お好みで）……… 少々

スプラウト（飾り用）……… 適量

作り方

1 Aを練り混ぜ、冷蔵庫で冷やし固めてガーリックバターを作る。

2 トマトは種を取り、小さめの角切りにする。

3 はまぐりは口を開ける。身を殻から取り出し、三つに切って殻の上にのせる。

4 **3**の上に**1**のガーリックバター15gとトマトをのせる。200℃に温めたオーブンではまぐりを10分ほど焼く。

5 皿に盛り、スプラウトをのせる。

Nota dello chef

はまぐりは味を出すために生を使います。貝の口を開くときは、オープナーで開けてください。なければテーブルナイフを差し込んで斜めにし、刃を貝柱にあてて切ると開きます。このときに手を切らないように注意してください。必ず生きている貝を使いましょう。

Hamaguri al burro all'aglio

はまぐりの ガーリックバター

香りと歯ごたえが楽しめる。
ガーリックバターで一流レストランの味に！

Insalata di polpo e sedano

たことセロリのサラダ

やわらかくゆでるコツを伝授。
セロリのシャキシャキ食感がよく合う

材料（2人分）

たこ —— 1足（200g）

セロリ —— 1本

パセリ（みじん切り） —— 適量

黒オリーブ —— 6個

オリーブオイル —— 大さじ2

酢 —— 大さじ1/2

バルサミコ酢 —— 少々

レモン汁 —— 大さじ1/2

塩・こしょう —— 各少々

作り方

1 たこは、串が通るくらいのやわらかさにゆで、ゆで汁ごと冷まして冷蔵庫に入れておく。

2 1のたこを2cmくらいのぶつ切りにする。

3 セロリは、皮むき器で筋を取るように表面をむき、5mmの厚さの小口切りにする。

4 2と3をボウルに入れて黒オリーブ、パセリ、オリーブオイル、酢、レモン汁、バルサミコ酢、塩・こしょうを加えてあえる。

5 4を盛りつけ、パセリをふる

Nota dello chef

たこをやわらかくするコツは、買ってきたゆでだこを再度3時間ゆでること。ゆでたら形がくずれないようにそのまま冷ましてください。

Peperonata

ペペロナータ

なんでこんなに甘いの？
パプリカの違う顔が見える一品

材料（2人分）

赤・黄パプリカ ──── 各1個

オリーブオイル ──── 少量

パセリ（みじん切り）──── 適量

A オリーブオイル ──── 大さじ2

　レモン汁 ──── 小さじ1

　バルサミコ酢 ──── 少々

　白ワインビネガー ──── 大さじ1/2

　塩・こしょう ──── 各少々

作り方

1 パプリカにオリーブオイルを手で塗り、網にのせてやわらかく、皮が焦げるくらいまで焼く。

2 **1**を冷めるまでおいたらヘタと種を取り除き、適当な大きさに手でさく。冷蔵庫に入れ、よく冷やす。

3 ボウルに**1**の焼き汁と**2**を入れて、**A**の材料を加えてよく混ぜ合わせる。

4 皿に**3**を盛り、パセリを散らす。

Nota dello chef

パプリカは魚焼き器などを使ってガスコンロで焼きましょう。もしくは軽くオリーブオイルを塗ったパプリカを、アルミホイルで包んで200℃のオーブンで40分じっくりと焼きましょう。パプリカは焼くことにより、すごく甘みが出て美味しくなります。

Pane tostato alla pizzaiola

ピッツアトースト

ピザ生地の代わりに
パンをトーストして作る簡単ピザ

材料（2人分）

バゲット ────── 20cm長さ

モッツァレラチーズ ────── 60g

アンチョビ ────── 3本

バター ────── 20g

マスタード ────── 10g

オリーブオイル ────── 適量

トマトソース（P.126）────── 大さじ4

オレガノ ────── 適量

パルミジャーノチーズ（粉末）
────── 大さじ2

パセリ（みじん切り）────── 適量

作り方

1 バターとマスタードを混ぜる。

2 バゲットは縦半分に切り、オーブントースターで3～4分焼く。切った面に**1**を塗り、トマトソースをひく。

3 **2**の上にモッツァレラチーズをちぎってのせ、アンチョビもちぎってのせる。

4 オレガノをふり、パルミジャーノチーズをふってオリーブオイルをかける。

5 200℃に温めたオーブンに入れ、チーズが溶けるまで焼く。器に盛りパセリをふる。

Nota dello chef

パンを下焼きしてカリッとさせてください。パンは、食パンでもライ麦パンでもお好みで。トーストを使うと、いろいろなピザがお手軽にできます。少し焼いたパンににんにくをこすりつけてもいいし、トマトソースをひいてその上にいろいろな具材をのせてもいいでしょう。具材によってはトマトソースの代わりにバジルのジェノバペーストにしたり、マッシュルームのデュクセルを塗ったり。バリエーション豊かにピザができます。

Pasta
Risotto
Minestra

パスタ　リゾット　ミネストラ

前菜に続く料理がプリモ・ピアット（第一の皿）です。
パスタ、リゾット、スープ、ピッツアなどがありますが、
パスタやリゾットは主食ではないので量を少なめにするか、
スープを選んでもいいでしょう。イタリアにはパスタが
300種類以上あり、さまざまなソースと組み合わせると
その料理は無限に広がります。私が50年以上かけてこだわり、
考え抜いてきたパスタ料理をぜひ作ってみてください。

Fedelini al pomodoro

トマトソース フェデリーニ

ポモドーロのソースで
おうちパスタが激変に！

材料（2人分）

パスタ（フェデリーニ）……… 160g

フルーツトマト ……… 150g

バジル ……… 3枚＋2枚（飾り用）

オリーブオイル ……… 大さじ2

にんにく（みじん切り）……… 小さじ1/2

トマトソース（P.126）……… 150㎖

塩・こしょう ……… 各少々

パルミジャーノチーズ（粉末）……… 適量

作り方

1 フルーツトマトは湯むきしてくし形切りに、バジル3枚はせん切りにする。

2 パスタをゆではじめる。

3 フライパンにオリーブオイル、にんにくを入れて熱し、にんにくに色がつき香りが立ちはじめたら、**1**のフルーツトマトとバジルを入れ軽く炒める。

4 **3**にトマトソースとパスタのゆで汁（50㎖程度）を加え、煮込む。

5 アルデンテにゆでたパスタを**4**に加えてあえ、塩・こしょうで味を調える。

6 器に盛り、パルミジャーノチーズをふってバジルを飾る。

Nota dello chef

1.4mmの細めのパスタは、表示通りだとゆですぎてしまいます。5〜6分と書いてあったら4分半ぐらいにするとアルデンテになります。ご家庭のコンロの火加減によってゆで上がりがかわるので、食べてみて少し芯が残るくらいにしてください。

ゆでるときのコツは湯に対して1%の塩。3ℓだったら30gです。完全にパスタが沈むくらいたっぷりの湯でゆでます。コンロの火が弱く、パスタを入れたら湯の温度が下がってしまう場合はふたをしてみてください。

Spaghetti con ostriche e rucola

かきとルコラ

ジューシーなかきと
シャキシャキのルコラをパスタにからめて

材料（1人分）

パスタ（フェデリーニ）―――― 80g

生がき ―――― 5〜6個

ルコラの葉（セルバティカ 野生のルコラ）
―――― 8枚＋5枚（飾り用）

にんにく（みじん切り）―――― 小さじ1

パセリ（みじん切り）―――― 大さじ1

赤とうがらし ―――― 1本

オリーブオイル ―――― 大さじ2

白ワイン ―――― 40㎖

あさり汁（下記）―――― 50㎖

塩・こしょう ―――― 各少々

オリーブオイル（仕上げ用）―――― 少々

かたくり粉（かきの下処理用）―――― 適量

作り方

1 かきをボウルに入れてかたくり粉をまぶし、手でよく揉んでから水で洗い流し、かきの汚れを落とす。

2 パスタをゆではじめる。

3 フライパンにオリーブオイルとにんにく、赤とうがらしを入れて熱し、にんにくがきつね色になってきたら**1**のかきを入れて炒める。

4 **3**に白ワインとパセリ、あさり汁を加えてかきに火を通す。

5 パスタがゆで上がったら**4**に移し入れ、ルコラ、塩・こしょう、オリーブオイルを加えてあえる。

6 器に盛りつけ、仕上げにルコラをのせる。

あさり汁

材料

あさり（砂抜き）―――― 200g

水 ―――― 100㎖

白ワイン ―――― 80㎖

作り方

1 水と白ワイン、あさりを鍋に入れふたをして、貝が開くまで火を通す。

2 汁を取り出す。

Nota dello chef

あさり汁を作ったときに残った貝の身は、サラダなど他の料理に使ってください。仕上げ用のルコラの量はお好みで調整してください。シャキシャキしたルコラを楽しむために、たっぷりとのせてもいいかもしれません。ルコラとパスタをよく混ぜていただきます。

Linguine piccolo al pesto Genovese

ジェノベーゼ

松の実が香ばしくパスタにからむ

材料（1人分）

パスタ（リングイーネ）……… 80g

ジェノベーゼソース（P.132）……… 40g

パルミジャーノチーズ（粉末）

……… 大さじ2＋（飾り用）適量

松の実（ロースト）……… 5g

いんげん ……… 6本

じゃがいも ……… 40g

塩・粗びき黒こしょう ……… 各少々

作り方

1 じゃがいもは皮をむいて1cm角の拍子木切りにする。いんげんはへたを切り落として半分に切る。

2 パスタをゆではじめる。じゃがいもといんげんはパスタをゆでている鍋に加えて10分ほど、少しやわらかめにゆでる。

3 ジェノベーゼソースとパスタのゆで汁少々をボウルに入れ、そこにゆで上がったパスタとさやいんげん、じゃがいもを加えて、パスタの余熱であえる。

4 3にパルミジャーノチーズを加えてあえ、塩・粗びき黒こしょうをふり器に盛りつける。仕上げに、松の実とパルミジャーノチーズを散らす。

nota dello chef

パスタとジェノベーゼをあえるときには火にかけないでください。ボウルの中であえれば、パスタの熱で十分に火が通ります。松の実やくるみは、弱火のフライパンでじっくりと乾煎りすると香ばしくなります。オーブンの場合は、180℃で5～10分ローストします。松の実をたくさん入れて、ソースの旨みを楽しんでください。ただしアレルギーの人は気をつけてくださいね。

カルボナーラ

イタリアの本格カルボナーラを
おうちで作るコツを伝授します

材料（2人分）

パスタ（スパゲティーニ）────── 160g
ベーコン（ブロック）────── 120g
全卵 ────── 2個
卵黄 ────── 2個分
黒こしょう ────── 少々
生クリーム ────── 60ml
パルミジャーノチーズ（粉末）────── 約50g
にんにく ────── 1片
白ワイン ────── 50ml
オリーブオイル ────── 大さじ1
塩 ────── 少々
粗びき黒こしょう（仕上げ用）────── 少々

作り方

1 にんにくは包丁の背でつぶし、ベーコンは1cm角の拍子木切りにする。

2 フライパンにオリーブオイル、にんにくを入れ、弱火にかけて炒める。

3 ベーコンを加え、よく脂を出すように炒める。

4 3に白ワインを加えてアルコール分がぬけるまで弱火で煮ておく。

5 パスタをゆでる。

6 ボウルに全卵、卵黄、黒こしょうを入れ、パルミジャーノチーズ40g、生クリームを加え、泡立て器でよく混ぜ合わせる。

7 ゆで上がったパスタを4に加えて、手早くからめたら火を止める。

8 6のボウルの中身を加え、弱火で卵が固まらないように手早く混ぜ、塩、パルミジャーノチーズ少々を加えて味を調え、火を止める。器に盛って粗びき黒こしょう、パルミジャーノチーズをふる。

Nota dello chef

卵がスクランブルエッグにならないようにするのがポイントです。火を通しすぎず、トロリと仕上げてください。そのためには火加減に気をつけながら、よく混ぜること。生クリームを入れない場合は、火にかけずにボウルの中で余熱だけで仕上げます。
生クリームや全卵を入れると水分が入るので、はじめにベーコンを炒めて火を止め、その後にパスタを入れてよくかき混ぜます。さらに卵液を入れてかき混ぜるとトロッと水分が出てきます。それを火にかけて水分を飛ばしていきます。このときに強火だとスクランブルエッグになってしまうので、中火よりやや弱めで。片手に鍋、片手に箸を持ち、両方を動かして手早く仕上げてください。

ボンゴレビアンコ

あさりの旨みが
ギュッと閉じ込められている!

材料（2人分）

パスタ（フェデリーニ） —— 160g

あさり（殻つき） —— 400g

オリーブオイル —— 大さじ4

にんにく —— 1片

赤とうがらし —— 1本

アンチョビペースト —— 小さじ1

白ワイン —— 60㎖

パセリ（みじん切り） —— 大さじ2

塩・粗びき黒こしょう —— 各適量

作り方

1 あさりは塩水につけ、砂出しする。

2 にんにくはみじん切りに、赤とうがらしは種を取る。

3 フライパンにオリーブオイルとにんにく、赤とうがらしを入れ、にんにくがきつね色になるまで弱火で炒める。

4 中火にしてあさりを入れる。アンチョビペーストと白ワインを加え、パセリを入れてふたをし、あさりの殻が開くまで2〜3分蒸し煮する。

5 あさりの殻が開いたらふたを取り、煮汁が半分になるまで煮詰める。

6 パスタをゆでる。

7 ゆで上がったパスタを**5**に加えて混ぜ合わせ、塩・粗びき黒こしょうで味を調え、器に盛ってパセリを散らす。

Nota dello chef

あさりを煮すぎないことがポイントです。ちょうどいいソースの煮詰め方は、汁がなくならないように残すこと。煮詰めすぎると塩辛くなり、あえたときに旨みがパスタに移りません。あさりの汁をパスタに吸わせたいので、汁はとっておいてください。とはいえあまり水分が多いと味がしまらず、スープパスタになってしまいます。夏と冬ではあさりの塩分濃度が違います。パスタをゆでるときは、夏は少なめの塩で、冬はさらに少なくしてください。

Spaghetti aglio olio e prezemolo

ペペロンチーノ

にんにくの香りと味を楽しむ
王道のパスタ

材料（2人分）

パスタ（フェデリーニ）……… 160g

にんにく……… 1片

赤とうがらし……… 2本（好みで調節）

オリーブオイル……… 大さじ4

パセリ（みじん切り）……… 大さじ2

パセリ（みじん切り）……… 適量（飾り用）

塩・黒こしょう……… 各少々

作り方

1 にんにくはみじん切りに、赤とうがらしは種を取ってくだく。

2 フライパンにオリーブオイル、にんにく、赤とうがらしを入れて火にかけ、最初の数秒は中火から強火にかける。にんにくから小さな泡が出てきたらすぐに弱火にする。きつね色になるまで弱火で炒め、網ですくってキッチンペーパーで油を切る。

3 パスタを少し硬めにゆでる。

4 **2**に、パスタのゆで汁を80㎖くらい加えて混ぜ合わせ、火を止める。

5 ゆで上がったパスタの湯をきって**4**のフライパンに入れて混ぜ、パスタのゆで汁少々とパセリを加えて余熱であえる。塩・黒こしょうを加えて味を調える。

6 器に盛り、オリーブオイルで揚げたにんにくとパセリを散らす。

Nota dello chef

にんにくの炒め方がポイントです。焦げたり、炒め足りないと美味しくなりません。ゆっくりと時間をかけ、きつね色になるまで炒めましょう。最初は中火または強火、そしてオイルの中でにんにくがシュワシュワといってきたら火を落として弱火にします。アルデンテにゆで上がったパスタをにんにくの中に入れて、ゆで汁を少し加えてよく混ぜ合わせると美味しくなります。

きのこのラグースパゲティ

薄切りブラウンマッシュの
コリコリとした歯ごたえを生かす

材料（1人分）

パスタ（フェデリーニ）—— 80g
ブラウンマッシュルーム（スライス）—— 1〜2個
パセリ（みじん切り）—— 適量
〈ブラウンマッシュルームのソース〉（3〜4人分）
ブラウンマッシュルーム —— 30個
オリーブオイル —— 適量
にんにく（みじん切り）—— 大さじ1/2
赤とうがらし —— 2本
白ワイン —— 100mℓ
塩・こしょう —— 各少々

作り方

1 ソースを作る。ブラウンマッシュルーム30個をフードプロセッサーでみじん切りにし、ミンチ状にする。

2 フライパンにオリーブオイルとにんにく、種を取った赤とうがらしを入れて熱し、ゆっくりと火を通す。

3 **2**のにんにくがきつね色になったら、**1**を加えて炒め、白ワインを加えて塩・こしょうをして30〜40分かけてゆっくりと煮込む。

4 パスタをアルデンテにゆでる。

5 フライパンにきのこのソテー（右上）30gと**3**を大さじ1と1/2入れ、ゆで汁50mℓ、パスタを加えてよく混ぜ合わせ、塩・こしょう、オリーブオイルで味を調える。

6 皿に盛り、**3**のソースをかけ、スライスしたブラウンマッシュルームをたっぷりとのせる。最後にパセリを散らす。

きのこのソテー

材料（1人分）

しめじ —— 1パック
しいたけ —— 4枚
エリンギ —— 1本
オリーブオイル —— 大さじ2
にんにく（みじん切り）—— 小さじ1
赤とうがらし —— 1本
白ワイン —— 40mℓ
パセリ（粉末）—— 小さじ1

作り方

フライパンに材料を入れ、火が通るまできのこをソテーする。

Nota dello chef

ブラウンマッシュルームのみじん切りを作るとき、私はひき肉器（ミンサー）を使います。野菜のみじん切りカッターだと少し細かくなってしまうからです。もしみなさんのお宅にミンサーがない場合は、ブラウンマッシュルームを粗みじん切りにしてください。また、上にのせるブラウンマッシュルームのスライスは古いものを使うと薄くスライスすることができないので、フレッシュなものを使ってください。包丁でなるべく薄くスライスしましょう。

きゃべつからすみのスパゲティ

相性が抜群！
フィレアンチョビの旨みと一緒に堪能する

材料（1人分）

パスタ（フェデリーニ）—— 80g
きゃべつ —— 110g
オリーブオイル —— 大さじ2
からすみパウダー —— 12g
アンチョビフィレ —— 1本半
からすみスライス —— 5g
パセリ（みじん切り）—— 小さじ2
にんにく —— 1片
赤とうがらし —— 1本
塩・こしょう —— 各少々

作り方

1 にんにくはみじん切りにする。赤とうがらしは種を取る。きゃべつは一口大に切る。

2 フライパンにオリーブオイル（大さじ1）とにんにく、赤とうがらしを入れて火にかけ、にんにくがきつね色になるまで弱火で炒める。

3 3ℓの水に30gの塩を入れ、沸騰させた湯にきゃべつを入れてさっとゆでる。同じゆで汁でパスタをゆでる。

4 2にアンチョビを手でちぎって入れる。3のきゃべつを加えて軽く炒め、ゆで汁50mℓ、塩・こしょうを入れ、2〜3分煮ておく。

5 ゆで上がったパスタを加え、からすみパウダーを加えて混ぜる。塩・こしょうで調味し、オリーブオイルをふってよく混ぜ合わせる。器に盛り、スライスしたからすみをのせ、パセリをふって仕上げる。

Nota dello chef

しゃきっとした食感を残しつつやわらかいきゃべつが好きな方は春きゃべつを、味があってきゃべつの旨みを感じたいときは冬きゃべつを使ってください。歯ごたえがあるきゃべつ炒めが好きな人は生から炒めます。しんなりした方が好きな人は、さっと湯通ししてから炒めてください。どちらにしてもパスタは硬めにゆでてください。からすみパウダーは水分を吸うので、ゆで汁を入れて炒めてください。スライスからすみがなければパウダーだけでもかまいません。

ベッペ風スパゲティ

トマトソースとジェノベーゼのソースに
リコッタチーズがからむ

材料（2人分）

パスタ（フェデリーニ） ──── 160g

フルーツトマト ──── 4個

オリーブオイル ──── 大さじ2

にんにく ──── 1片

赤とうがらし ──── 1本

バジル ──── 4枚

トマトソース（P.126） ──── 80㎖

塩・こしょう ──── 各少々

ジェノベーゼソース（P.132） ──── 大さじ2

リコッタチーズ ──── 大さじ2

作り方

1 にんにくをみじん切りにする。赤とうがらしの種を取る。トマトをくし形に切る。

2 フライパンにオリーブオイル、**1**のにんにく、赤とうがらしを入れ、にんにくがきつね色になるまで弱火で炒める。トマトとバジルを加え、中火で軽く炒め、湯30㎖を加えて煮る。

3 **2**にトマトソースを加えてよく混ぜ合わせ、塩・こしょうを入れ、ソースを仕上げておく。

4 パスタをアルデンテにゆで、湯をきって**3**に加え、よくあえる。

5 器に**4**のパスタを盛りつけてリコッタチーズをのせてからジェノベーゼソースをかける。

Nota dello chef

ベッペさんという人が作ったスパゲティで、トマトソースとジェノベーゼソースを混ぜ合わせたパスタ料理です。一緒に混ぜてしまうと複雑な味になってしまうので、リコッタチーズもしくはモッツァレラチーズは、最後の仕上げに入れてください。

Orecchiette con broccoli

ブロッコリー オレキエッテ

南イタリアで愛されている
かわいいオレキエッテ

材料（1人分）

パスタ（オレキエッテ）........ 60g

ブロッコリー 80g

にんにく（みじん切り）........ 小さじ1/2

赤とうがらし 1/2本

オリーブオイル 大さじ2

塩・こしょう .... 各少々

フライドにんにく .... 適量

パセリ（みじん切り）........ 大さじ1

作り方

1 ブロッコリーは小房に分け、茎の部分をスライスしておく。

2 1%の塩の入った熱湯でパスタをゆではじめ、2～3分したら**1**のブロッコリーを加えて一緒にゆでる。

3 フライパンにオリーブオイル（大さじ1）とにんにく、赤とうがらしを入れて熱し、にんにくがきつね色になるまで弱火で炒める。

4 **3**にゆで上がったパスタとブロッコリーを入れてあえる。パセリ、オリーブオイル、ゆで汁を加え、塩・こしょうで味を調える。

5 **4**を盛りつけ、フライドにんにくをのせる。

Nota dello chef

イタリア語のオレキエッテは小さな耳たぶという意味。オレキエッテはブロッコリーとの相性が抜群です。日本人はブロッコリーを短めの時間で硬めにゆでますが、イタリア人はブロッコリーがくずれるまでゆでます。そのくずれたブロッコリーは、パスタとあえたときにソースになってパスタによくからみます。今回の料理では、ブロッコリーの蕾がやわらかくなるまでよくゆでてみてください。

Penne al gorgonzola

ゴルゴンゾーラのペンネ

チーズ好きにはたまらない!
独特の香り高いパスタ

材料（1人分）

ペンネ —— 60g

ゴルゴンゾーラチーズ（ドルチェ）—— 15g

ゴルゴンゾーラチーズ（ピカンテ）—— 15g

生クリーム —— 100㎖

バター —— 4g

パルミジャーノチーズ（粉末）—— 大さじ1

粗びき黒こしょう —— 適量

塩・こしょう —— 各少々

パルミジャーノチーズ（粉末）—— 適量

作り方

1 フライパンにバターを入れて溶かし、生クリーム、ゴルゴンゾーラチーズ（2種）を入れて弱火でとろみがつくまで煮る。

2 ペンネを1%の塩の入った熱湯で、アルデンテにゆでる（表示時間よりも1分ほど短め）。

3 ゆでたペンネを**1**に入れ、パルミジャーノチーズをふり、全体を混ぜ合わせる。水分が足りなければパスタのゆで汁を加える。塩・こしょうで味を調える。

4 器に盛り、粗びき黒こしょうとパルミジャーノチーズをふる。

Nota dello chef

イタリアのゴルゴンゾーラは世界の三大チーズの一つです。ゴルゴンゾーラチーズには、ピカンテとドルチェがあります。ピカンテは辛味があり、ドルチェはクリーミーでまろやかです。この2種類を入れることによってお互いのよさが引き立ちます。

Paccheri al ragù di cernia

パッケリのはたラグーソース

トマトソースがもっちりとした食感の
パッケリにからむ

材料（2〜3人分）

パッケリ —— 10〜12個

はた —— 200g

オリーブオイル
　　—— 大さじ2〜3＋適量

にんにく（みじん切り）—— 大さじ1/2

赤とうがらし —— 1本

フルーツトマト —— 2〜3個

トマトソース（P.126）—— 200㎖

はたのフュメ・ディ・ペッシェ
　（だし汁）（右下）—— 60〜200㎖

ケッパー（みじん切り）—— 大さじ1

白ワイン —— 適量

バジル（みじん切り）—— 適量

パセリ（みじん切り）—— 大さじ2〜3

塩・こしょう —— 各少々

作り方

1 はたは1cm角に切り、塩・こしょうをする。

2 パッケリをゆではじめる。15分ほどゆでて、アルデンテに仕上げる。

3 フライパンにオリーブオイル、にんにく、赤とうがらしを入れ、にんにくがきつね色になるまで弱火で炒める。

4 3に1を入れ、さっと炒め、白ワインを入れて香りをつける。

5 4にフルーツトマト（半切り）、ケッパーを入れ、トマトソース、パセリ、バジル、はたのフュメ・ディ・ペッシェを加えて煮詰める。

6 5に2を加えてよく混ぜ合わせ、オリーブオイル、塩・こしょう、水分が足りなければパスタのゆで汁を加え、よく混ぜ合わせて器に盛り、パセリをふる。

はたのフュメ・ディ・ペッシェ

材料

はたのアラ —— 1尾分

にんじん —— 5cm

セロリ —— 1/2本

たまねぎ —— 1/4個

オリーブオイル —— 大さじ2

ベイリーフ —— 1枚

タイム —— 1つまみ

塩 —— 少々

粒黒こしょう —— 5粒

白ワイン —— 50㎖

ホールトマト（缶詰）—— 200㎖

水 —— 500㎖

作り方

1 はたのアラは一口大に切り、塩をふる。

2 たまねぎ、にんじん、セロリはスライスする。鍋にオリーブオイルを入れ、野菜を弱火で30〜40分間炒める。

3 2にベイリーフ、タイム、粒黒こしょう、1を加え、はたの身が白くなるまでさっと炒め、白ワイン、ホールトマト、水を入れる。

4 3のアクを取りながら煮て、煮立ったら弱火にする。30分間煮て裏ごしする。

Nota dello chef

15分とゆで時間が長いパッケリですが、ぜひ一度作ってみてください。もっちりとした食感は白ワインとよく合います。はたのフュメを加えることと、フルーツトマトを使うことで旨みが引き立ち、深みが出てきます。

Spaghetti con sugo ai porcini

ポルチーニソースのスパゲティ

きのこが豊かに香る絶品パスタ

材料（1人分）

パスタ（フェデリーニ）
……… 80g

ポルチーニソース（P.129）
……… 80〜100g

バター ……… 4g

パルミジャーノチーズ（粉末）
……… 少々

作り方

1 パスタを少し硬めのアルデンテ（芯が中心に少し残る状態）にゆでる（表示時間よりも1分ほど短め）。

2 ゆで上がったパスタを皿に盛り、ポルチーニソースをかける。バターをのせ、パルミジャーノチーズをふる。

Nota dello chef

パスタとポルチーニソースは調理中にあえないことがポイント。あえてしまうと、少し味がしつこくなってしまいます。ゆでたパスタの上から、ソースをかけてバターをのせ、パルミジャーノチーズをかけてめしあがってください。

Spaghetti all'Amatriciana
アマトリチャーナ

基本のトマトソースで作る
ベーコンとたまねぎのパスタ

材料（1人分）

パスタ（スパゲッティーニ）
　　　……… 80g
たまねぎ ……… 100g
ベーコン（ブロック）……… 60g
にんにく ……… 1片
赤とうがらし ……… 1本
オリーブオイル ……… 大さじ2
トマトソース（P.126）……… 140ml
パルミジャーノチーズ（粉末）
　　　……… 大さじ3
塩・黒こしょう ……… 各少々

作り方

1 赤とうがらしは種を取る。ベーコンは1〜1.5cm角の拍子木切りにする。たまねぎは細めのくし形切りにする。にんにくは包丁の背でつぶす。

2 フライパンにオリーブオイル、にんにく、赤とうがらしを入れて火にかけ、にんにくがきつね色になるまで弱火で炒める。

3 ベーコンを加えてゆっくりと、脂が出てくるまで炒める。たまねぎを加えて透き通るまでよく炒め、トマトソースと湯50mlを加え、5〜6分煮て塩・こしょうで味を調える。途中でにんにくは取り出す。

4 パスタを少し硬めにゆで上げ、**3**に加えてソースにからめ、パルミジャーノチーズ（大さじ2）を混ぜる。

5 器に盛って、パルミジャーノチーズ（大さじ1）をふる。

Fedelini ai ricci di mare

うにパスタ

新鮮なうにを使えば一流レストランの味に！

材料（1人分）

パスタ（フェデリーニ） ……… 80g
生うに（飾り用） ……… 15g
パセリのみじん切り ……… 少々
A｜ 生うに ……… 50g
　｜ 生クリーム ……… 20mℓ
　｜ トマトソース（P.126）
　｜ ……… 50mℓ
　｜ アンチョビペースト
　｜ ……… 小さじ1/3
オリーブオイル ……… 大さじ2
にんにく（みじん切り）
　　　　 ……… 小さじ1
アンチョビフィレ ……… 1/2枚

作り方

1 Aをすべてボウルに入れる。うにを
つぶしながら、なめらかになるまで
混ぜる。

2 フライパンにオリーブオイルとにん
にくを入れ、ゆっくりときつね色に
なるまで弱火で炒める。アンチョビ
フィレを加えてさっと炒め、アンチョ
ビを溶かしておく。

3 **1**を鍋に入れて弱火にかけ、**2**の
ソースを加え混ぜ合わせておく。

4 パスタをゆでて、**3**に加えてあえる。

5 皿に盛り、飾り用のうにをのせてパ
セリをふる。

nota dello chef

うにに火を入れすぎないことがポイ
ントです。ボウルでAをあえておき、
その中でパスタの余熱で火を通し
ていきます。
イタリアでは味を出すためにうにを
大量に使います。日本のものに比
べてうにの卵巣が小さいので、一
つの料理に20個ぐらい使わなけれ
ばいけないことも。イタリアでシェフ
をしていたときに、開店前にみん
なで殻を外してオリーブオイルの中
にどんどん入れていった思い出が
あります。

Spaghetti alla boscaiola

ボスカイオーラ

ツナとしめじの木こり風パスタ

材料（2人分）

パスタ（スパゲティーニ） —— 160g

たまねぎ —— 1個

ツナ（オイル漬け） —— 70g

にんにく —— 1片

しめじ —— 1/2パック

ポルチーニ（乾燥） —— 10g

オリーブオイル —— 大さじ3

赤とうがらし —— 1本

ケッパー（みじん切り） —— 小さじ2

ポルチーニの戻し汁 —— 110mℓ

赤ワイン —— 50mℓ

ホールトマト（缶詰） —— 100mℓ

パセリ（みじん切り） —— 適量

塩・こしょう —— 各少々

作り方

1 ボウルにポルチーニを入れ、かぶるくらいの水を注いで戻す（戻し汁の中で石づきやかさについている土をよく洗い落としておく）。戻したポルチーニは、水気をきってざく切りにする。戻し汁は土が下にたまるので、うわずみ液を使う。

2 たまねぎとにんにくをみじん切りにし、しめじは石づきを取って小房に分ける。

3 フライパンにオリーブオイル（大さじ2）、にんにく、種を取った赤とうがらしを入れて弱火にかけ、にんにくがきつね色になるまで炒める。

4 たまねぎを加え、焦がさないように20〜30分間弱火で炒める。たまねぎに色がついたら**2**のしめじを加えてさっと炒めてから、汁気をきったツナ、**1**のポルチーニ、ケッパーを加えて混ぜる。

5 赤ワイン、ポルチーニの戻し汁（うわずみ）、ホールトマト、パセリを加え、塩・こしょうを入れて混ぜ、ソースにとろみが出るまで煮詰める。

6 パスタをゆで上げる。

7 **5**のソース260gをフライパンに入れ、ゆで上げたパスタを混ぜ、パスタのゆで汁少々、オリーブオイル（大さじ1）を加え、器に盛りつけてからパセリをふる。

Nota dello chef

よくソテーしたしめじが味の決め手です。ポルチーニは生より味が出る乾燥を使いましょう。乾燥ポルチーニの戻し汁がこの料理のポイントです。ポルチーニはぜひヨーロッパ産のものを使ってください。

材料（2人分）

パスタ（リガトーニ）…… 160g

なす …… 3本

塩 …… 少々

ミートソース（P.128）…… 240g

トマトソース（P.126）…… 30g

リコッタチーズ …… 40g

パルミジャーノチーズ …… 適量

オリーブオイル（揚げ油）
　　…… 適量+大さじ1

塩 …… 少々

リコッタチーズ（仕上げ用）
　　…… 大さじ2

パセリ（みじん切り）
　　…… 適量

作り方

1 なすは1cm幅の輪切りにし、塩を
ふって少しおく。水分が出てきたら
ペーパータオルでふき取り、熱した
油で素揚げにする。

2 リコッタチーズを5mm角に切る。

3 大きめのフライパンにミートソース
とトマトソースを入れて温める。

4 パスタをゆでる。

5 ゆで上げたパスタと**1**の揚げたな
すを**3**に加え、リコッタチーズとパ
ルミジャーノチーズ、オリーブオイ
ル、塩を加え、チーズが溶けるまで
あえる。

6 皿に盛り、リコッタチーズとパセリ、
パルミジャーノチーズをトッピング
する。

Nota dello chef

リコッタとはもう一度火を通すという意味。モッツァレラチーズ
を作った乳清をもう一度煮詰めるとリコッタチーズができます。
ミートソースと揚げなすをあえたときに、リガトーニが硬ければ
ゆで汁を入れたりオリーブオイルを入れたりと調整してください。

Rigatoni alla Regaleali

ミートソースとなすとリコッタの
リガトーニ

シチリア「レガレアーリ」の思い出のパスタ。
リガトーニを使った一品

Risotto alla milanese

リゾットミラネーゼ

サフラン独特の色と香りを楽しむ

材料（2人分）

米 —— 100g

たまねぎ（みじん切り）
—— 大さじ2

白ワイン —— 50㎖

ブイヨン（市販のもの）
—— 500㎖

サフラン —— 少々

パルミジャーノチーズ（粉末）
—— 30g＋適量

バター —— 40g

塩・こしょう —— 各少々

作り方

1 鍋にバター5gを熱し、たまねぎを加えて2〜3分間炒める。米を洗わずに加えて1〜2分間炒め、白ワインを加えて風味をつける。

2 サフランを指でつぶしながら細くして加え、温めたブイヨン200㎖を加えてかき混ぜながら弱火で煮る。

3 残りのブイヨンも加え、最初のブイヨンを入れてから18分を目安に、米をアルデンテに煮上げる。木べらにとってみて米が落ちないくらいにする。

4 火を止め、バターとパルミジャーノチーズを加えて手早くかき混ぜ、塩・こしょうで味を調える。

5 器に盛り、パルミジャーノチーズをかける。

Nota dello chef

料理が残ってしまったら冷蔵庫に入れて硬くし、焼きリゾットにしたりお米のフライにしたりという使い方もされます。

Risotto al nero di seppia

いかすみリゾット

コクと香りがギュッと詰まった
地中海を食す

材料（2人分）

米（できればイタリア米）—— 100g

いかすみソース（右記）—— 100g

たまねぎ（みじん切り）—— 大さじ2

オリーブオイル —— 大さじ2

白ワイン —— 50㎖

ブイヨン（市販のもの）—— 500㎖

トマトソース（P.126）—— 大さじ2

パセリ（みじん切り）—— 少々

塩・こしょう —— 各少々

作り方

1 鍋にオリーブオイルを熱してたまねぎを2〜3分炒める。

2 米を洗わずに加えて1〜2分炒め、白ワイン、いかすみソースを加えてさらに炒める。

3 温めたブイヨンを200㎖加えてかき混ぜながら煮る。残りのブイヨンも米の汁気を見ながら少しずつ加え、最初のブイヨンを入れてから18分間を目安に煮上げる。

4 塩・こしょうで味を調えてから器に盛り、トマトソースをかけ、パセリをのせる。

いかすみソース　　市販のものでも可

材料（約400㎖分）

甲いかまたはすみいか —— 2〜3杯

いかすみ —— すみいかのすみ3杯分、または市販のすみを10g

オリーブオイル —— 大さじ3

にんにく（みじん切り）—— 大さじ1/2

赤とうがらし —— 1本

白ワイン —— 50㎖

トマトソース（P.126）—— 200㎖

パセリ（みじん切り）—— ひとつかみ

塩・こしょう —— 各少々

1 いかは内臓を出してすみ袋を取る。胴は皮をむいて1cm程度の輪切りに、足は粗みじん切りにする。

2 鍋にオリーブオイル、にんにく、赤とうがらしを入れて弱火にかけ、にんにくがきつね色になるまで炒める。

3 2にいかを入れ、オリーブオイルをなじませたらいかすみを加えて炒める。

4 白ワインを入れ、トマトソースを加える。

5 塩・こしょうをふって味を調え、パセリを加えて軽く混ぜ、弱火で1時間くらい煮る（焦げないように、ときどきかき混ぜる）。

Nota dello chef

あまり泡が大きくなりすぎないよう火加減を注意して、コトコト沸騰した状態でゆっくりと炊いていきます。イタリア米だと18分くらいで仕上がります。水分がたくさん残っていると、リゾットではなくスープになってしまうので、リゾットという料理は汁気の残し方が仕上げのポイントになります。

海の幸のリゾットの場合、チーズやバターは使いません。このいかすみリゾットにはパセリと塩・こしょう、お好みでオリーブオイルで仕上げるのがベストです。
地中海でたくさん獲れるいかのすみを使って作られる料理に、「いかのすみ煮」があります。

Risotto ai funghi misti

いろいろきのこのリゾット

香り豊かなフンギミスティ・リゾット

材料（2人分）

米（イタリア米）——— 100g

えりんぎ ——— 1本

マッシュルーム ——— 4個

しめじ ——— 1/2パック

しいたけ ——— 2個

たまねぎ（みじん切り）——— 大さじ2

トマト ——— 1/2個

バター ——— 小さじ2＋20g

オリーブオイル ——— 大さじ1＋適量

白ワイン ——— 60㎖

ブイヨン（市販のもの）——— 500㎖（用意する）

パルミジャーノチーズ（粉末）——— 20g＋適量

パセリ（みじん切り）——— 適量

塩・こしょう ——— 各少々

作り方

1 トマトは5㎜角ほどの粗みじん切りにする。

2 しいたけは石づきを取り、えりんぎと大きさをそろえて薄くスライスする。マッシュルームは4等分、しめじは小房に分ける。

3 フライパンにバター（小さじ2）を入れ、たまねぎを炒め、透き通ったら**2**を加え、塩・こしょうをふり、オリーブオイル（大さじ1）を入れて炒め合わせる。

4 **3**に米を加え、ざっくりと炒め合わせ、白ワインを入れ、汁気がなくなるまで煮る。

5 米が半透明になったら、トマトを入れ、米が浸るくらいブイヨン（200㎖）を加える。よくかき混ぜながら弱火で煮込んでいき、水分量が減ってきたら、ブイヨンを足して最初の8分ほどはひたひたの状態を保つ。

6 最初にブイヨンを入れてから18分ほどを目安にし、米がアルデンテになったらパセリを加え、火を止める。

7 バター、パルミジャーノチーズを20gずつ加え、手早く混ぜて余熱で溶かして塩・こしょうで味を調える。器に盛り、パルミジャーノチーズ、パセリを散らし、オリーブオイルをふる。

| *Nota dello chef*

フンギミスティとは、いろいろなきのこという意味です。ポルチーニ、しめじ、まいたけ、まつたけなど、お好みのきのこを使用してください。何種類入れるという決まりはなく、しいたけかえのきだけなど一種類でもかまいません。なめたけやなめこなど、少しぬめりの出るきのこで作ると食感がかわって美味しいと思います。またお好みでサルシッチャ（腸詰）、ベーコン、生ハム、ソテーした鶏肉などのたんぱく質を入れるといいでしょう。きのこリゾットには忘れずチーズを入れてください。

Gnocchi di patate al parmigiano

じゃがいもニョッキ

クリームのニョッキがワインによく合う

材料（5人分）

〈ニョッキ〉

じゃがいも ──── 4個（500g）

薄力粉 ──── 60 〜 80g＋適量（打ち粉用）

卵 ──── 1個

パルミジャーノチーズ（粉末）──── 20g＋適量

ナツメグ ──── 少々

塩・こしょう ──── 各少々

〈ソース〉ニョッキ1人分に対する分量

牛乳 ──── 30㎖

生クリーム ──── 60㎖

ドライトマト（オリーブオイル漬け）──── 1個

バジル（せん切り）──── 2枚

作り方

1 じゃがいもは皮がついたままゆでて、竹串が通るぐらいのやわらかさになったら取り出し、温かいうちに皮をむく。これを練らないように手早く裏ごす。

2 台の上に**1**をのせ、中央にくぼみをつけて卵を割り入れ、ふるった薄力粉（60〜80g）とパルミジャーノチーズ（20g）を上にのせ、塩・こしょう、ナツメグをふる。

3 **2**を手でひとかたまりにする。

4 台の上に打ち粉をまき、**3**を2等分にして転がしながらのばし、直径2.5㎝ぐらいの細長い2本の棒状にする。

5 **4**の先端を少し切り分け、試しにゆでてみて、くずれなければスケッパーで2㎝幅に切っていく。

6 鍋に湯を沸かし、**5**を入れてゆでる。形がくずれてしまうのでかき混ぜない。浮き上がったらざるに上げ、水気をきってバットに入れ、少量のオリーブオイル（分量外）をからませておく。

7 フライパンに牛乳と生クリームを入れて温め、**6**のニョッキ、パルミジャーノチーズを加えてよく混ぜ合わせる。

8 **7**を皿に盛りパルミジャーノチーズをふり、ドライトマトとバジルをのせる。

Nota dello chef

今回はじゃがいもですが、他にかぼちゃ、さつまいも、ほうれん草でもいいでしょう。合わせるソースもトマトソース、バター、クリームソース、ミートソース、トマトソースなどバリエーションが豊富です。あっさりしたソースの場合は、フォークの背を使ってニョッキに筋を作るとソースがからむので美味しくなるでしょう。チーズのような濃いソースの場合は、筋はつけずに表面はつるっとした状態にしてください。

Zuppa freddo alla gazpacho

ガスパチョ

シェフの大好物！
野菜たっぷり栄養満点の冷たいスープ

材料（8〜10人分）

きゅうり ── 2本
セロリ ── 2本
ピーマン ── 2個
赤パプリカ ── 1/2個
たまねぎ ── 1/2個
完熟トマト ── 2個
にんじん ── 2cm
にんにく ── 1片
トマトジュース缶 ── 500mℓ
白ワインビネガー ── 大さじ2
オリーブオイル ── 大さじ3
バルサミコ酢 ── 小さじ1/2
タバスコ、ウスターソース ── 各数滴
レモン汁 ── 大さじ1/2
グラニュー糖 ── 8g
塩・こしょう・黒こしょう ── 各少々
〈浮き実用野菜〉
赤パプリカ、黄パプリカ、きゅうり、にんじん、
　たまねぎ、あさつき ── 各適量

作り方

1 にんにくはみじん切りにする。きゅうり、セロリ、ピーマン、赤パプリカはせん切り、にんじん、たまねぎは薄くスライス、完熟トマトは熱湯をかけて湯むきをする。

2 **1**をすべてバットに入れ、トマトジュースを加えて白ワインビネガー、オリーブオイル、バルサミコ酢、タバスコ、ウスターソース、グラニュー糖、塩、黒こしょうを加えてよく混ぜ合わせる。ラップをかけて冷蔵庫で一晩寝かせておく。

3 **2**をミキサーにかける。

4 ストレーナーで**3**をこし、レモン汁を加えて混ぜ合わせ、塩・こしょう・黒こしょうで味を調える。

5 浮き実の野菜は0.5cmの角切りにする。あさつきは小口切りにする。

6 器に**4**を入れ、**5**の浮き実を飾る。

Nota dello chef

よく夏に飲まれる、酸味のあるスペインのスープです。たまねぎ、きゅうり、ピーマン、にんにく、トマトなどマリネした野菜をたっぷり使います。スープに色をつけたくない場合は、野菜をマリネするときにバルサミコ酢をホワイトバルサミコ酢にかえてください。

ガスパチョはパスタや魚料理のソースにもなります。トマトをたくさん入れたり、塩をひかえめに仕上げたり、そのときの材料によって作り方がかわります。トマトジュースの甘みが足りないときは、少量のはちみつを入れてください。スープに野菜の角切りをのせると、食感が残って美味しくなります。

Crema di zucca freddo

かぼちゃの冷たいスープ

甘くて濃厚な冷製スープ

材料（2〜4人分）

栗かぼちゃ ……… 200g

たまねぎ ……… 1/4個

バター ……… 15g

オリーブオイル ……… 大さじ1

塩 ……… 少々

ブイヨン（市販のもの）
……… 1と1/2カップ

牛乳 ……… 1/2カップ

生クリーム ……… 1/4カップ
＋適量（飾り用）

塩・こしょう ……… 各適量

パセリ（みじん切り）
……… 適量

クルトン ……… 適量

作り方

1 かぼちゃは種を取り、皮をむいて2mmくらいの厚さに切る。たまねぎはみじん切りにする。

2 鍋にバターとオリーブオイル、**1**のたまねぎを入れて塩をふり、透明感が出るまで20〜30分炒める。かぼちゃを加え、さらに5分ほど炒める。

3 ブイヨンを加え、かぼちゃがやわらかくなるまで煮る。

4 **3**を、なめらかになるまでミキサーにかけて冷やす。

5 牛乳と生クリーム1/4カップを加えて混ぜ、塩・こしょうで味を調える。器に盛って適量の生クリームをかけ、クルトンをのせてパセリをふる。

Minestrone alla Mareo

ミネストローネスープ

たっぷりと野菜を味わえるイタリアのスープ

材料（6〜8人分）

白いんげん豆 ―――― 1/2カップ	
じゃがいも ―――― 1個	
たまねぎ ―――― 1/2個	
ズッキーニ ―――― 1/2本	
ポワロー ―――― 1/2本	
にんじん ―――― 1/3本	
セロリ ―――― 1/2本	
きゃべつ ―――― 1/2個	
ほうれん草 ―――― 1/2束	
オリーブオイル ―――― 大さじ1と1/2	
にんにく（みじん切り）―――― 1/2片	
ホールトマト（缶詰）―――― 200㎖	
ブイヨン（市販のもの）―――― 5カップ	
バジル（みじん切り）―――― 2枚	
ベイリーフ ―――― 1枚	
塩・こしょう ―――― 各少々	
ジェノベーゼソース（P.132）―――― 小さじ1	

作り方

1 白いんげん豆は一晩水につけて戻し、弱火にかけてやわらかくなるまで煮る。

2 じゃがいも、たまねぎ、きゃべつは1.5㎝の角切り、ズッキーニ、ポワロー、にんじん、セロリは1㎝の角切りにする。ほうれん草はゆでて一口大に切る。

3 大きめの深鍋にオリーブオイル、にんにくを入れ、弱火でにんにくがきつね色になるまで炒める。

4 にんじん、セロリ、ズッキーニ、きゃべつ、たまねぎ、ポワローと硬いものから順番に**3**に加えて40分ほどかけてしんなりするまで炒め、じゃがいもを入れて炒め合わせる。

5 ホールトマトを手でつぶして入れ、ブイヨンを加える。塩・こしょうをふり、ベイリーフを加えて1時間くらい煮込む。

6 **5**に5㎝幅に切ったほうれん草、バジル、**1**を加えて少し煮る。ジェノベーゼソースを加えて器に盛り、分量外のジェノベーゼソースを適量落とす。

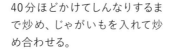

nota dello chef

野菜は40分くらいかけてゆっくりと炒めることが美味しくするコツです。冷蔵庫に残っている野菜を活用してミネストローネを作ると、食材がムダにならないエコな料理になります。旬の野菜を加えることで季節感が出るでしょう。

ロングパスタのゆで方

1 深めの鍋に、たっぷりと湯を沸かす。湯に対して1％の塩、水3ℓだったら30gの塩を入れる。

2 沸騰した湯に、パスタを放射状に入れる（パスタ同士がくっつかないようにするため）。手早くパスタをかき混ぜる。

3 湯が吹きこぼれないよう注意して、沸騰を保つくらいの火加減で、表示よりも短めにゆでる。袋に5、6分と書いてあったら4分半くらいが目安。表示よりも早めの時間に一本を、爪で切って確かめ、アルデンテ（パスタの真ん中に一筋、芯が残る程度）に仕上げる。

4 ゆで上がったパスタをざるに上げて水気をきる。ゆで汁を使うソースを作るときは、ゆで汁は取っておく。

日本人が知らないパスタの食べ方

　イタリア人は、フォークのみを使ってパスタを食べます。スプーンは使いません。パスタを上手く巻けない子どもが、練習をするためにスプーンを使うためとか、外国人のためにイタリアのウェイターがスプーンを置いたからなど、いろいろな事情があってスプーンを使うことがあるようですが、基本はフォークだけです。

　一口で食べられる量のパスタをとり、皿の空いたところでクルクルとフォークに巻きつけておめし上がりください。

Secondi piatto di pesce

メイン料理　魚

セコンド・ピアット（第二の皿）はメイン料理になります。
魚料理か肉料理を選びますが、地中海とアドリア海に囲まれた
南イタリアは魚介類が豊富で新鮮です。マリネしたり
焼いたり煮込んだりと、新鮮なシーフードの素材の味を
存分に引き出して料理を楽しむのです。いか、たこ、貝、
えびといった日本でもおなじみの食材を使い、
『アルポルト』の味でめしあがってみてください。

真鯛のソテー 白ワインバターソース

季節の白身魚を
味わい深いソースとともに

材料（1人分）

真鯛（切り身）……… 1切れ

ほうれん草（塩ゆで）……… 15g

白ワインソース（P.131）……… 40g

トマト（角切り）……… 適量

あさつき（小口切り）……… 適量

イタリアンパセリ（みじん切り）……… 少々

レモン汁 ……… 適量

バター ……… 適量

塩・こしょう ……… 各適量

小麦粉 ……… 適量

ハーブ ……… 適量

スプラウト（2種）……… 適量

作り方

1 塩ゆでにしたほうれん草を5cm幅に切り、バター、塩・こしょうで炒める。

2 白ワインソースを鍋に入れて火にかけ、トマト、あさつき、イタリアンパセリを入れて少し煮込み、レモン汁、塩・こしょうで味を調える。

3 真鯛に塩・こしょうをし、皮目に小麦粉を薄くつける。フライパンでバターを熱し、皮目から焼く。

4 皿の中央に**1**のほうれん草をしき、周りに**2**のヴァンブランソースをひく。ほうれん草の上に**3**の真鯛をのせ、スプラウトをのせて仕上げる。

Nota dello chef

ヴァンブランソースは白ワインバターソースのことです。バターと生クリームと白ワインを使用したソースになります。この料理の技は真鯛を皮目から弱火でゆっくりと焼いていくこと。7割ぐらい火が通ったら、魚をひっくり返して身の方を焼いてください。身の焼け具合がとてもしっとりとし、皮はパリッとなると美味しく仕上がります。皮のカリカリ感を残すため、魚の周りにソースをかけてください。

Acquapazza di alfonsino

金目鯛のアクアパッツァ

気が遠くなるほど美味しい！
切り身を使って家庭でも簡単に

材料（2人分）

金目鯛の切り身 —— 60g×2切れ
あさり —— 8個
オリーブオイル —— 大さじ1と1/2
にんにく —— 1片
赤とうがらし —— 2本
ムール貝 —— 4個
白ワイン —— 大さじ2
水 —— 大さじ4
乾燥トマト —— 4切れ（小さければ8切れ）
ケッパーの塩漬け —— 小さじ1
黒オリーブ —— 4個
オリーブオイル（仕上げ用）—— 小さじ1
パセリ（みじん切り）—— 適量
塩・こしょう —— 各適量
ローズマリー（飾り用）—— 適量

作り方

1 にんにくをつぶす。赤とうがらしの種を取る。

2 金目鯛に塩・こしょうをふる。

3 フライパンにオリーブオイルを熱し、金目鯛を皮目から焼く。にんにくと赤とうがらしを入れる。

4 皮がパリッとしたら返し、あさりとムール貝を加え、強火にして白ワイン、水を加え、乾燥トマト、ケッパー、黒オリーブ、塩・こしょうを入れてふたをして蒸し焼きにする。弱火で3〜4分くらい、貝類の殻が開くまで煮る。貝類の殻が開いたら、ふたを取ってスプーンで煮汁をまわしかけながらさらにしばらく煮詰める。

5 4の具材を皿に盛り、フライパンに残った汁を味見して、濃ければ水（分量外）を足す。仕上げ用のオリーブオイルを足してよく混ぜ合わせて具材にかける。パセリをふり、ローズマリーを飾る。

Nota dello chef

パッツァは「気が遠くなる」という意味です。つまりこの料理は気が遠くなるほど美味しいということ。私は白ワインを使いますが、たくさんの魚介類を使っていますから、水だけでも旨みが出ます。もし白ワインがなければ、日本酒で代用してもOKです。魚介の臭みが取れてうまみが増します。

Seppia alla griglia e riso al salto con nero di seppia

いかのグリル
いかすみリゾットサルト

やわらかく焼いたいかと
いかすみリゾットが織りなすハーモニー

材料（4人分）

いか ──── 2杯

日本米 ──── 100g

たまねぎ（みじん切り）──── 1/8個

白ワイン ──── 30㎖

あさり汁（P.40）──── 約40㎖

ブイヨン（市販のもの）──── 500㎖

いかすみ ──── 適量

トマトソース（P.126）

　　──── 30g＋適量（上にのせる用）

塩・こしょう ──── 各適量

香草ソース（P.134）──── 大さじ1/2

バジル（フリット）──── 1枚

オリーブオイル ──── 適量

レモン汁 ──── 適量

塩 ──── 少々

作り方

1 鍋にオリーブオイルを熱し、たまねぎ、塩を入れて炒める。

2 たまねぎがしんなりしたら、米を入れ、少し半透明になったら白ワインを入れる。あさり汁とブイヨンをひたひたになるくらいまで入れ、少し沸いた状態にする。

3 水分が減ってきたら、いかすみ、トマトソースを加え、さらにブイヨンを足しながら、18分かけて炊く。

4 高さ1㎝の浅いバットに**3**のリゾットを流し入れ、上からプレスしながら冷ます。冷蔵庫に入れ、一日おいて固める。

5 **4**を適度な大きさに切り、両面をオリーブオイルをひいたフライパンでカリッと焼く。

6 いかは内臓を取り、薄皮をむき、足を切り分ける。しっかりと熱したグリル板（なければフライパン）にオリーブオイルをひき、いかをグリルして焼き色をつける。焼きすぎないようにする。

7 皿に香草ソース大さじ1/2を塗り、焼きリゾットを盛りつけ、**6**のいかをのせ、オリーブオイルとレモン汁をかける。トマトソースとバジルをのせる。

Nota dello chef

いかのグリルは新鮮ないかを使い、あまり火を入れすぎないことがポイントです。リゾットはカリッと焼くことが大切。

Orata alla pizzaiola

いさきのピッツァイオーラ

南イタリアのさっぱりとした
ソースで食べる白身魚

材料（2人分）

いさき（切り身）────── 50g×2切れ

白ワイン ────── 40ml

フュメ・ディ・ペッシェ（白身魚の
　アラでとっただし）（P.131）────── 20ml

トマトソース（P.126）────── 大さじ2

フルーツトマト ────── 1個

ケッパー ────── 10粒くらい

アンチョビフィレ ────── 1/2枚

黒オリーブ ────── 6個

パセリ（みじん切り）────── 大さじ1＋少々

オリーブオイル ────── 大さじ1

小麦粉 ────── 少々

塩・こしょう ────── 各少々

作り方

1 フルーツトマトを1cmの角切りにする。黒オリーブを半分に切る。

2 いさきに塩・こしょうをし、皮目に小麦粉を薄くつける。

3 フライパンにオリーブオイルを入れて熱し、いさきを皮目から焼く。

4 **3**に白ワインを入れて香りづけし、アルコール分を飛ばして水分が少なくなったら、フュメ・ディ・ペッシェとトマトソースを加える。

5 **4**に**1**のフルーツトマトと黒オリーブ、ケッパー、アンチョビ、パセリ大さじ1を加えて煮込む。

6 **5**を皿に盛りつけ、最後にパセリをのせる。

Nota dello chef

トマトを使ったピッツァイオーラのソースがベースです。ケッパーやアンチョビ、黒オリーブが入ったソースにはオレガノを少し入れると、南イタリア風のあっさりとした味になります。魚は皮目からゆっくりと焼いてください。魚はほうぼう、甘鯛、かさごなど、お好みの白身魚で作ってください。

Fritto di grongo con salsa al vino rosso

あなごのフリット

イタリアの家庭料理
サクサクのフリットは天ぷら粉でも

材料（2人分）

あなご ──── 1尾（200g）

強力粉 ──── 適量

小麦粉 ──── 100g

揚げ油 ──── 適量

塩・こしょう ──── 各少々

赤ワインソース（P.130）──── 大さじ1

スプラウト（緑・赤）──── 各適量

作り方

1 あなごは皮のぬめりを取り、三枚におろして強力粉をまぶす。

2 小麦粉を表示よりやや薄めに溶く。表示が100gに対して水150㎖なら170㎖が目安。

3 揚げ油を熱し、**1**のあなごを**2**の衣をまとわせて揚げていく。

4 揚げ上がったら熱いうちに塩・こしょうをふる。

5 皿に盛り、赤ワインソースをかけ、スプラウトをのせる。

---

nota dello chef

衣をつけてカリッと揚げてください。揚げ油を160℃の温度からゆっくりと上げていき、最後に180℃手前まで上げると油ぎれがいいです。イタリア風にするために、オリーブオイルで揚げてみてください。赤ワインソースの代わりに、バルサミコソース（P.137）をかけてみても美味しいですよ。
フリットはイタリアではよく作る料理です。小麦粉の衣をつけて揚げるときは、天ぷら粉を使うと失敗なく簡単に作ることができます。

Sauté di branzino con caponata e porri fritti

すずきのソテー

白身魚の皮の焦げ目が香ばしい。
ポロねぎをアクセントに

材料（2人分）

すずき（切り身）―――― 2切れ

オリーブオイル ―――― 大さじ2＋適量

塩・こしょう ―――― 各少々

小麦粉 ―――― 適量

バルサミコ酢 ―――― 大さじ2

チャービル ―――― 少々

カポナータ（下記）―――― 2人分

ポロねぎ ―――― 適量

揚げ油 ―――― 適量

ジェノベーゼソース（P.132）―――― 適量

作り方

1 すずきの両面に塩・こしょうをふり、軽く小麦粉をまぶす。

2 フライパンにオリーブオイルを熱し、皮目を下にしてすずきを入れ、中火で皮がカリッとするまで火を通す。

3 裏返して弱火にし、中まで火を通す。

4 つけあわせを作る。ポロねぎはせん切りにして水にさらし、水気をきってからカリカリに揚げる。カポナータを鍋にとり、温める。

5 小鍋にバルサミコ酢を入れ、火にかけて煮詰め、オリーブオイルを加えて塩・こしょうで味を調える。

6 器に直径8cmくらいのセルクルをおき、カポナータを詰める。

7 セルクルから抜いたカポナータの上に**3**のすずきをのせ、揚げたポロねぎをふんわりとのせ、チャービルをのせる。**5**のバルサミコソースとジェノベーゼソースをまわしかける。

カポナータ

材料（8人分）

なす ―――― 5〜6本

ズッキーニ ―――― 2本

パプリカ（赤・黄）―――― 各1個

ピーマン ―――― 2個

たまねぎ ―――― 1個

セロリ ―――― 1本

しいたけ ―――― 8枚

マッシュルーム ―――― 8個

ホールトマト（缶詰）―――― 約2カップ

赤とうがらし ―――― 1本

にんにく ―――― 1片

オリーブオイル ―――― 100㎖

白ワイン ―――― 100㎖

白ワインビネガー ―――― 大さじ4

砂糖 ―――― 15g

オレガノ ―――― 適量

バジル ―――― 10枚

パセリ（みじん切り）―――― 適量

塩・こしょう ―――― 各少々

作り方

1 なすは3cm幅の角切りに、ズッキーニは4〜5cm厚さの輪切りをさらに縦に8等分にする。ピーマン、パプリカ、たまねぎ、セロリは一口大に切り、しいたけとマッシュルームは4等分にする。バジルはせん切りに。赤とうがらしの種を取る。

2 なすは塩をふって出てきたアクをキッチンペーパーでふき、オリーブオイル（分量外）で素揚げする。

3 鍋にオリーブオイルを入れ、みじん切りのにんにくと赤とうがらしを加えて弱火にかける。にんにくの香りが立ち、きつね色になるまで炒める。

4 **1**の野菜を硬いものから順に加え、木べらで混ぜ合わせながら弱火で20〜30分間炒める。

5 **2**を加え、塩・こしょうをふり、ホールトマトを手でつぶしながら加える。

6 白ワイン、白ワインビネガー、砂糖、オレガノ、バジル、パセリを加え、弱火で約1時間、ときどきかき混ぜながら煮て塩・こしょうで味を調える。冷ましてから冷蔵庫で一晩冷やす。

赤ワインか白ワインか？
料理に合うワインとは

　イタリアには多種多様なワインがあります。昔は重たいワインが好まれていましたが、今は軽い口あたりのワインの方がよく飲まれています。

　肉料理には赤ワイン、魚料理には白ワインを注文する人がいるかもしれません。もし魚料理で赤ワインを飲む場合、濃いワインではなく香り豊かで少しさっぱりして軽い感じのワインを合わせてもいいですね。甘い赤ワインはデザートにも合います。

　肉料理と魚料理で赤か白かを分けるのではなく、白ワインを使った料理には白ワイン、赤ワインを使った料理には赤ワインという組み合わせもいいと思います。白ワインを使った仔牛料理などには白ワインを、赤ワインソースを使った魚料理には赤ワインという考え方です。どちらにしても好みは人それぞれ。お気に入りの組み合わせで料理とワインを楽しむのが一番です。

ワインの選び方「テロワール」とは何か？

　作物を育む、土壌や環境のことをテロワールといいます。テロワールの違いが、それぞれのワインの個性になっています。イタリアにはたくさんの州がありますが、その地方で作られている郷土料理と、その地方のワインはすごく相性がいい。この地方の料理にはこの地方のワインというように楽しむのです。その土地のものをいただきます。

　日本酒も同じです。福井県に行ったら福井の伝統料理さばのへしこをかじりながら地酒を飲む。全国に美味しい地酒がたくさんあり、それに合う料理はその土地の伝統料理に勝るものはありません。日本には日本のテロワールがあるように、イタリアにもあるのです。

Secondi piatto di carne

メイン料理　肉

焼いた牛肉を薄く切ったタリアータ、生ハムと一緒に焼く
サルティンボッカ、肉を煮込んだカチャトーラは、
スーパーで売っている肉を使って調理方法を
イタリアンにすれば、華やかな食卓になります。
イタリアでは羊肉もよく食されており、ロースの部位はグリルに、
ももの部位は煮込みにして活用します。
海に面する山の傾斜地で育った仔羊は、
海水がついた牧草を食べるのでとても美味です。

Cotoletta alla checca

仔牛のカツレツ ケッカ風

> ジューシーな仔牛の肉をトマトと一緒に

材料（2人分）

仔牛肉 ──── 200g

オリーブオイル ──── 大さじ2＋適量

バター ──── 20g

小麦粉 ──── 適量

溶き卵 ──── 適量

パン粉（手で揉んで細かくしておく）──── 適量

トマト ──── 2個

バルサミコ酢 ──── 少々

レモン汁 ──── 大さじ1/2

パルミジャーノチーズ ──── 小さじ2

パセリ（みじん切り）──── 適量

塩・こしょう ──── 各少々

作り方

1 仔牛肉は筋を取り、1.5cmぐらいの厚さに切る。

2 ラップ2枚の間に挟んだ**1**を肉たたきでたたいて、倍の大きさになるくらい薄くのばし、ラップを外して残った筋を包丁の先で切り、塩・こしょうをふる。

3 **2**に小麦粉をまぶし、溶き卵に通してパン粉をつける。

4 フライパンにオリーブオイル大さじ2とバターを入れて熱し、**3**を焼く。

5 トマトは一口大に切り、オリーブオイル、バルサミコ酢、レモン汁、塩・こしょうをふってあえる。

6 皿に**4**を盛り、**5**をのせてパセリ、パルミジャーノチーズを散らす。

nota dello chef

仔牛肉を薄くなるまでたたいて焼く料理です。ロースだったら1cmの厚さに切って、肉たたきで薄くなるまでたたいてください。肉に穴をあけないようにするコツは、平均にたたくこと。またラップで肉の上下を挟んでたたくとのばしやすくなります。肉の薄さの目安は、元の大きさの倍になるくらい。また肉につける前に、パン粉を手で揉んで細かくくだいておくこともポイントです。このときにお好みで粉チーズを混ぜ合わせてもいいでしょう。カツレツはバターとオリーブオイルでソテーしていく。きつね色にカリッと仕上げることがコツ

です。バターはクラリフィエ（バターの乳清を除いた乳脂肪）で。バターをボウルに入れて湯せんにかけると、乳清と乳脂肪に分かれます。乳清は焦げる原因になるので、バターのうわずみ、乳脂肪の部分だけを使うと焦げづらくなります。

牛ロースのタリアータ

> レアの牛ロースにチーズとルコラが香る
> 贅沢な一品

材料（2〜3人分）

牛ロース肉 ─── 160 〜 240g

ルコラ ─── 2束

オリーブオイル ─── 大さじ1＋少々

パルミジャーノチーズ（スライス）─── 30 〜 40g

レモン汁 ─── 適量

バルサミコ酢 ─── 適量

白ワインビネガー ─── 少々

塩・こしょう ─── 各少々

オリーブオイル（サラダ用）─── 適量

いんげん（バターソテー）─── 3 〜 4本

パセリ（みじん切り）─── 適量

赤ワインソース（P.130）─── 大さじ1

作り方

1 牛肉は、筋や脂を取り除いて軽く塩・こしょうをふる。

2 グリル板を煙が立つくらい熱してオリーブオイル大さじ1をひき、1の肉をのせてオリーブオイル少々をふり、肉を押さえながら表面に焼き目がつくように焼く。裏返して同様に焼き目をつける。肉をアルミホイルで包み、2〜3分くらい寝かせる。

3 2の肉を5mm厚さのそぎ切りにし、いんげんは半分に切ってバターソテーにする。

4 ボウルにルコラをちぎって入れ、オリーブオイル、レモン汁、バルサミコ酢、白ワインビネガーをほんの少しずつ加えて混ぜ合わせ、塩・こしょうで調味する。

5 いんげん、牛肉を皿に盛り、赤ワインソースをかけ、4を上にのせてパルミジャーノチーズを薄くスライスしたものをのせ、パセリのみじん切りをふる。

Nota dello chef

タリアータは日本語で「切った」という意味ですから、これは一口大に切るステーキ料理。そこにパルミジャーノチーズとバルサミコソースをかけるのがオーソドックスな食べ方です。アルポルトではルコラを使って、赤ワインソース（P.130）と香草ソース（P.134）をかけます。牛肉はロース肉でもヒレ肉でももも肉でもお好きな部位を使ってください。焼き方はお好みの焼き方で。グリル板がなければフライパンでもいいでしょう。その場合、少し煙が立つほどフライパンを温め、塩・こしょうしたステーキを焼きます。肉の表面が焼けたら、軽く丸めてしわを寄せたアルミホイルを作り、それに包んで火を止めてフライパンの上にのせ、その上からアルミホイルをかぶせてください。そのまま10分ほどおくと、自然と中心が60℃ぐらいに保てるので、肉の中がきれいなロゼ色になります。

Lonza di maiale alla griglia con salsa alla senape

豚グリル マスタードソース

やわらかな肉にからむ
さわやかなマスタードソース

材料（1人分）

豚肉（肩ロース）------ 80g
にんにく（みじん切り）------ 2g
白ワイン ------ 適量
粒マスタード ------ 大さじ1
パセリ（みじん切り）------ 大さじ1＋適量
フォンドボー（P.130）------ 40㎖
バター ------ 10g
レモン汁 ------ 少々
小麦粉 ------ 少々
オリーブオイル ------ 少々
塩・こしょう ------ 各少々
〈つけあわせ〉
ししとう（焼く）------ 適量
パセリ ------ 適量
じゃがいも（スライス）------ 適量
A 牛乳 ------ 適量
　 生クリーム ------ 適量
　 塩・こしょう ------ 各適量
グリエールチーズ ------ 適量
パルミジャーノチーズ（粉末）------ 適量

作り方

1 豚肉に軽く塩・こしょうをし、軽く小麦粉をはたく。

2 フライパンにオリーブオイルを入れて熱し、**1**を入れて焼く。

3 **2**に、にんにくを入れて香りづけしてから白ワインをまわし入れ、アルコール分を飛ばしたら、フォンドボー、粒マスタードとパセリ、バターとレモン汁を加えて8分ほど煮る。煮上がったら3等分に切る。

4 じゃがいもをキャセロールに並べ、**A**を合わせたものをひたひたに加え、グリエールチーズとパルミジャーノチーズをたっぷりのせ、180℃のオーブンに入れて表面がきつね色になるまで焼く。

5 **3**と**4**を皿に盛りつける。肉には、フライパンに残ったマスタードソースをたっぷりとかけ、最後に焼いたししとうをのせ、パセリを散らす。

nota dello chef

今は無菌状態の豚が多いので、肉が硬くなるまで火を通さなくても大丈夫。もちろん必ず火を通さなければなりませんが、早めに火からおろした方がやわらかくいただくことができます。グリル板で油を落としながら焼いてください。なければフライパンでもかまいません。豚には独特の香りがあるので、にんにくやタイム、ローズマリー、サルビアなどの香草を少し入れて焼いてください。香草は肉の表面を少し焼いてから加えます。オイルに香りが移るので、自然に香りがついていきます。

仔牛のサルティンボッカ ローマ風

\ つい口に放り込んでしまうほど美味しい！ /

材料（2人分）

仔牛肉（ひれまたはロース）┈┈ 40g×4枚
セージの葉 ┈┈ 1枚
生ハム（大）┈┈ 4枚（肉の大きさに合わせる）
小麦粉 ┈┈ 適量
オリーブオイル ┈┈ 大さじ1
白ワイン ┈┈ 100㎖
フォン・ド・ボー（P.130）┈┈ 100㎖
いんげん ┈┈ 4本
塩・こしょう ┈┈ 各少々
バター ┈┈ 10g＋10g
イタリアンパセリ（みじん切り）┈┈ 適量

作り方

1 仔牛肉は肉たたきを使って薄くし、筋切りして塩・こしょうをする。

2 肉の上に手でちぎったセージの葉を1/4ずつにのせ、その上に生ハムをおいて肉の表面を覆い、押さえつけて接着させる。小麦粉をまぶし、余分な粉は落とす。

3 フライパンにオリーブオイルを入れて熱し、生ハムを下向きにして**2**を焼く。表面の色がかわったらひっくり返して白ワインを加え、アルコール分を飛ばす。フォン・ド・ボーとバターを加えてよく混ぜてソースを仕上げる。肉はバットに移す。

4 いんげんは塩ゆでして半分に切り、バターソテーする。

5 いんげんを皿の中央におき、その上にバットに移しておいた肉を盛りつけ、**3**のソースをたっぷりとかけ、パセリをのせる。

| nota dello chef |

サルティンボッカの意味は「口に放り込む」で、それくらい美味しいという料理です。仔牛や鶏むね肉や豚ひれ肉など、さっぱりとした肉を使います。肉はたたいて薄くなっているので、薄い生ハムがピタッとくっつきます。なるべく薄い生ハムを使うと、焼いてもはがれづらく、すぐに火が通るので、調味料は近くにおいてください。生ハムと肉の間には必ず乾燥でも生でもいいのでセージを入れてください。

焼き方はミディアムレアがおすすめです。グリル板をよく温
め、少量のオリーブオイルをなじませてその上で焼いてく
ださい。また美味しく食べるために、日本でもイタリアで
も、仔羊は炭火で焼くことが多いです。仔羊をマリネし
ておき、バーベキューのときなどに焼いてはいかがでしょ
うか。バーベキューは牛だけでなくて、羊や豚、鶏をミッ
クスして焼くと楽しくなります。香草ソースの他に赤ワイン
ソース（P.130）でも楽しむことができます。

Costoletta di agnello alla griglia

仔羊のグリル

> 骨つきロースはハーブとともにグリルする。
> 焼き方はミディアムレアが最高

材料（2人分）

ラム肉（骨つき）——— 6本

タイム、ローズマリー、
　　セージ（粗みじん切り）——— 各適量

にんにく（薄切り）——— 2片分

オリーブオイル ——— 適量

塩・こしょう ——— 各少々

香草ソース（P.134）——— 大さじ4

赤ワインソース（P.130）——— 大さじ2

クレソン（飾り用）——— 適量

〈つけあわせ〉

じゃがいも（男爵）——— 2個

揚げ油 ——— 適量

オリーブオイル ——— 大さじ4

パセリ（みじん切り）——— 適量

塩・こしょう ——— 各適量

いんげん（バターソテー）——— 4本

下準備

・ラム肉はタイム、ローズマリー、セージ、にんにくをまぶしつけ、オリーブオイル適量をかけて1時間ほどおく。

・じゃがいもは、一口大に切って水気をふき、160℃の揚げ油で金串が楽に通るまできつね色に揚げ、油をよくきり、塩をふる。

作り方

1 ラム肉は余分な脂を除き、両面に塩・こしょうをふる。

2 グリル板（または厚めのフライパン）を熱して、オリーブオイル少々を塗り、ラム肉をのせて焼く。2〜3分したら裏返し、きつね色に焼く。

3 つけあわせを作る。フライパンにオリーブオイルを熱し、素揚げして火を通したじゃがいもを中火で炒める。パセリと塩・こしょうを各少々ふる。いんげんはバターでソテーする。

4 器に**3**を盛りつけ、**2**のラム肉をのせ、香草ソースと赤ワインソースをかけてクレソンを添える。

Coscia di pollo saltata al crocante

鶏のかりかり焼き

低温でじっくりと焼かれ、
カリッとジューシーな鶏肉レシピ

材料（4人分）

鶏もも肉 ——— 400 g
ローズマリー ——— 2本
にんにく ——— 2片
オリーブオイル ——— 適量
塩・黒こしょう ——— 各適量

〈つけあわせ〉
じゃがいも（小）——— 3〜4個
にんにく ——— 1片
ローズマリー ——— 適量
レモン ——— 1/2個
クレソン ——— 適量
塩・こしょう ——— 各適量

作り方

1 鶏肉はきれいに掃除し、肉たたきでたたいて平らにする。全体的に塩・黒こしょうをする。

2 バットに肉とスライスしたにんにく、ローズマリーをのせ、オリーブオイルをかけてマリネにする。

3 フライパンにオリーブオイルを入れ、煙が立つくらいまでよく熱し、鶏肉の皮目を下にして弱火で8〜10分焼く。

4 焼き目がついてカリッと焼けたら裏返し、2分ほど焼いて火を通す。

5 皮ごと素揚げしたじゃがいもをローズマリーとにんにくを加えたオリーブオイルで炒め、予熱した200℃のオーブンに入れて火を通して塩・こしょうで調味する。

6 4の鶏を切り、5を盛りつけ、レモンを添える。

＊鶏肉はブロイラーだと水分や脂分が多く、香ばしく焼き上がらないことが多いので地鶏がおすすめです。

鶏肉は皮目から、弱火でじっくりと8〜10分焼いて皮がカリッ
カリッときつね色になるまで焼きます。
ひっくり返したら2分ぐらいで火が通ります。そうすると中心の一
点だけが生っぽい、あとはみんな白いというジューシーな焼き上
がりになりますよ。焼くときにふたはしないでください。蒸される
と皮に水分が残ってしまいますのでカリカリに焼けません。

手羽元のカチャトーラ

旨みにかわったビネガーが、
鶏肉の味わいを深くする

材料（4人分）

手羽元 ——— 600g
塩・こしょう ——— 各適量
小麦粉 ——— 適量
オリーブオイル ——— 大さじ3
たまねぎ ——— 1/2個
フルーツトマト ——— 2個
いんげん ——— 12本
にんにく ——— 1片
白ワイン ——— 1/2カップ
白ワインビネガー ——— 大さじ3
フォン・ド・ボー (P.130) ——— 1/2カップ
ローズマリー ——— 1枝
パセリ（みじん切り）——— 適量
白いんげん豆（缶詰）——— 50g

作り方

1 たまねぎをスライスし、オリーブオイル（大さじ1）でしんなりするまで炒める。

2 鶏肉は一口大に切り、塩・こしょうをふって小麦粉をまぶす。

3 フライパンにオリーブオイル（大さじ1）を熱して鶏肉を皮側から入れ、つぶしたにんにくを入れ、鶏肉が色づくまで焼く。

4 肉の表面が色づいてきたら、白ワインビネガーを入れ、さらに白ワインをまわし入れる。

5 **1**で炒めたたまねぎを**4**に入れ、白いんげん豆、ローズマリー、パセリ、フォン・ド・ボーを入れてふたをし、弱火で30分コトコト煮る。

6 いんげんは食べやすい大きさに、トマトは縦に6等分に切り、オリーブオイルでさっと炒めて、塩・こしょうで味を調える。

7 **5**を皿に盛り、**6**のいんげんとトマトをのせ、パセリを散らす。

| Nota dello chef

豚肉や羊肉にも応用できます。煮込む前、旨みを逃さないために塩・こしょう、小麦粉をふり、ソテーした鶏肉がきつね色になったら白ワインビネガーを入れます。ビネガー（お酢）は煮ていくと酸味が少なくなりマイルドになります。また、臭みも取れて旨みにかわります。この料理は煮すぎると美味しくありませんが地鶏などの硬い鶏肉もあるので、鶏の種類によって煮込む時間を調整してください。

イタリア料理に欠かせないチーズ

❶ パルミジャーノ・レッジャーノ **❷** モッツァレラ **❸** マスカルポーネ **❹** ゴルゴンゾーラ **❺** リコッタ

　パスタやピザ、サラダ、肉や魚などイタリア料理にチーズは必需品です。内部まで熟成させたハードタイプやセミハードタイプ、熟成させないフレッシュタイプ、内部に青カビを発生させて作る青カビタイプのものなど多種あり、風味や食べ方も違います。熟成の速度も違うので、食べごろもそれぞれです。

　チーズの原料になる乳も、羊や山羊、水牛、乳牛とさまざま。乳によっていろいろな味わいのチーズができます。

　イタリアではデザートにチーズを食べることもあります。ゴルゴンゾーラやパルミジャーノ、タレッジオなどのチーズを食べながら、グラッパやブランデーといった食後酒を楽しみます。

　保存は乾燥する場所、高温の場所を避けましょう。塩水、酒などで洗い熟成させたウォッシュタイプのチーズはケースに入れて冷蔵庫で保存します。他のタイプはラップで包んで野菜室に入れましょう。香りの強いものと一緒に入れないようにしてください。

Dolce

デザート

デザートはイタリア語で「ドルチェ」といいます。
南北に長く、地方ごとに気候が違うイタリアでは、
その土地の特性を生かしたドルチェが考えられてきました。
アルプス山脈を望む北の地域では乳製品を使用したもの、
アフリカ大陸が近い南の地域では、
ふんだんにフルーツを使用します。また、それぞれに
家庭の味があり、ノンナ（おばあちゃん）から
マンマ（お母さん）へと受け継がれていきます。

洋なしのタルト

生地のサクッとした食感を出すのがコツ

材料（20cmのタルト型　1個分）

タルト生地（右記）―――― 約300g

バター（型用）―――― 適量

洋なし ―――― 1.5個

アーモンドクリーム（右記）

―――― 約50g

ナパージュ（ゼリー）―――― 適量

（ナパージュの代用として、あんずジャムを水で薄めて温め、裏ごししたものでもよい）

作り方

1 洋なしの皮をむいて1個を8等分にする。

2 タルト生地をラップに挟み、麺棒で型よりもひとまわり大きくのばす。フォークなどで生地に空気穴をあける。

3 タルト型にバターを塗り、**2**のタルト生地をかぶせて型通りにすみまでしきつめ、余分な生地は切り取る。

4 **3**のタルトにアーモンドクリームを薄く塗り、200℃のオーブンで10分ほど下焼きする。

5 **3**のタルトにアーモンドクリームを入れてのばし、**1**の洋なしを並べる。

6 **5**を200℃のオーブンに入れて約20分焼き、冷ます。

7 **6**の上にナパージュをかけて仕上げる。

タルト生地

材料

バター ―――― 90g

粉砂糖 ―――― 60g

卵 ―――― 1個

薄力粉 ―――― 150g

アーモンドパウダー ―――― 30g

作り方

1 薄力粉はふるっておく。バターは室温に戻し、やわらかくしておく。

2 ボウルにバターを入れ、粉砂糖を3回に分けて加え、すり混ぜる。白っぽくなるまで、しっかりと練り合わせる。

3 卵を溶きほぐし、**2**に少しずつ加えながらしっかりと混ぜ合わせてなじませる。

4 **3**に薄力粉とアーモンドパウダーを加え、練り合わせるようにして粉をなじませながらしっかりと混ぜ合わせる。

5 生地がまとまったら、ラップをしいたバットに入れて平らにする。包むようにラップをかぶせて冷蔵庫で2時間ほど寝かせる。

Nota dello chef

タルトのポイントは、タルト生地をサクッとさせることです。タルト生地は湿気を嫌うので、一日おいてしまうとしっとりとしてしまいます。タルト生地をサクッと食べるには、冷蔵庫に入れずに作りたてを食べること。いいレストランはタルト生地を薄くして、できたてを出します。私たちはお客様が来る少し前に焼き上げておいて、最高の状態で出します。時間との勝負です。

アーモンドクリーム

材料（約150g分）

バター ―――― 45g

粉砂糖 ―――― 45g

卵 ―――― 小1個

アーモンドパウダー ―――― 45g

作り方

1 アーモンドパウダーはふるっておく。バターは室温に戻してやわらかくしておく。

2 ボウルにバターを入れて粉砂糖を加え、泡立て器などでしっかりと練り混ぜる。

3 卵を溶きほぐして**2**に加え、**1**のアーモンドパウダーを入れ、粉っぽさがなくなるまでしっかりと混ぜ合わせる。

Panna cotta con salsa di lamponi

パンナコッタ

シナモンの香りが漂い
生クリームの濃厚なとろけるドルチェ

材料（4人分）

板ゼラチン ────── 5g

A｜ グラニュー糖 ────── 45g
　　生クリーム ────── 550㎖
　　シナモンスティック ────── 1本
　　レモンの皮 ────── 1/2個分
　　オレンジの皮 ────── 1/2個分
　　コーヒー豆 ────── 約50粒

ラズベリー（飾り用）────── 適量

ブルーベリー（飾り用）────── 適量

ミントの葉（飾り用）────── 適量

ラズベリーソース（下記）────── 適量

作り方

1 ピーラーなどでオレンジとレモンの皮をむく。板ゼラチンは水（分量外）でふやかしておく。

2 Aの材料を鍋に入れ、少しおいてなじませてから弱火にかける。よくかき混ぜながら、沸騰させないように温め、生クリームに香りをつける。

3 ゼラチンは水気を絞り、ちぎって**2**に加え、よく混ぜる。ゼラチンが溶けたら火からおろす。

4 コーヒー、シナモンの香りが移るようにそのまま約30分おいて冷まし、こし器でこしたら、ボウルごと氷水で冷やし、キャセロールかバットに入れて冷蔵庫で冷やす。

5 パンナコッタを容器から取り出して皿に盛り、ラズベリーソースをかける。ラズベリーとブルーベリー、ミントの葉を飾る。

ラズベリーソース

材料

ラズベリー（冷凍）────── 100g

グラニュー糖 ────── 20g

レモン汁 ────── 少々

作り方

ラズベリー、グラニュー糖、レモン汁をミキサーに入れ、攪拌（かくはん）して目の細かいこし器でこす。

Nota dello chef

アルポルトではコーヒーの豆を使い、コーヒーの香りをパンナコッタにつけます。そのときに挽（ひ）いた粉を使ってしまうと色がついてしまうので、コーヒーは豆のまま使ってください。オレンジの皮とレモンの皮をむくときは、苦味が出る白い部分を入れないで表皮だけを使ってください。

Tiramisù

ティラミス

シェフ直伝!
イタリアンドルチェの王道ティラミス

材料（10〜12人分）

卵 ─── 5個

グラニュー糖 ─── 110g

マスカルポーネチーズ ─── 250g

コーヒーリキュール ─── 小さじ3＋大さじ5

ビスキー（下記）─── 12枚

コーヒー ─── 適量

エスプレッソコーヒーの粉 ─── 適量

板ゼラチン ─── 3g

〈ビスキー〉

卵 ─── 6個

グラニュー糖 ─── 120g

コーンスターチ ─── 70g

粉糖 ─── 適量

薄力粉 ─── 70g

ビスキー

作り方

1 ティラミスの作り方**1**と**2**と同様に卵黄と卵白（メレンゲ）を泡立てる。

2 メレンゲを卵黄のボウルに入れて、混ぜ合わせる。薄力粉とコーンスターチを合わせてふるったものを加え、さらに混ぜ合わせる。

3 **2**を1cmの口金をつけた絞り出し袋に入れ、オーブンシートをしいた天板に10cm弱の長さに絞り出す。粉糖を茶こしでふりかけ、予熱したオーブンに入れて180℃で7〜8分焼く。

作り方

1 卵は卵黄と卵白に分ける。ボウルに卵黄を入れ、グラニュー糖50gを3回ほどに分けて加え、泡立て器で白っぽくなるまで泡立てる。板ゼラチンを15分ほど水につけたものをボウルに入れ、コーヒーリキュール（小さじ3）と一緒に湯せんにかけたものを加えて混ぜ合わせ、もったりしてきたら、マスカルポーネチーズを加えて混ぜ合わせる。

2 別のボウルに卵白を入れ、氷水にあてながらグラニュー糖60gを3回に分けて加え、つのが立つくらいまで、よく泡立て器で泡立てる。

3 **1**に**2**を少し加えてさっくりと混ぜ合わせ、なじんだら残りをすべて加え、切るように混ぜ合わせる。

4 ビスキーを濃いめに入れたコーヒーに軽く浸し、キャセロールにすき間なく並べ、コーヒーリキュール（大さじ5）をまんべんなくまわしかける。

5 **4**に**3**を流し込み、表面が平らになるように冷蔵庫で冷やす。

6 **5**をスプーンですくって盛りつける。エスプレッソの粉を茶こしでふりかけ仕上げる。

Nota dello chef

卵白をしっかりと泡立てることが基本です。しかし立てすぎるとスカスカしたティラミスになり、立て足りないとゆるいティラミスになってしまいますので、卵白は8分立てにします。また卵黄に入れる砂糖と、卵白に入れるグラニュー糖は分けているのですが、卵白の方に多めに入れてください。

Crêpes all'arancia

オレンジのクレープ

オレンジの香りに満たされる冬のデザート

材料（6〜7人分）

バター ── 適量

カスタードクリーム（P.117）
── 300g

グランマニエ ── 大さじ2

グラニュー糖 ── 大さじ1

オレンジの搾り汁 ── 1/2カップ

レモン汁 ── 少々

オレンジキュラソー ── 大さじ1

溶かしバター ── 10g

オレンジ ── 1個

オレンジの皮のシロップ煮（P.117）
── 適量

〈生地〉

全卵 ── 1個

卵黄 ── 3個

上白糖 ── 15g

溶かしバター ── 10g

薄力粉 ── 50g

牛乳 ── 150㎖

作り方

1 ボウルに全卵、卵黄、上白糖を入れてよく混ぜ合わせる。ふるった薄力粉を加え、さらによく混ぜ合わせ、牛乳を入れてのばし、溶かしバターを加え、よく混ぜ合わせて1時間ぐらいおいておく。

2 フライパンにバターを溶かし、**1**を入れ、薄くのばして、6〜7回に分けて焼く。表面が乾いたら裏返し、両面とも焼き色がつかないくらいに軽く焼き上げる。

3 ボウルにカスタードクリームとグランマニエを入れ、よく混ぜ合わせる。

オレンジの旬は冬。温かいデザートなので、どちらかというと冬のデザート
と言えます。クレープを上手く焼くためには、生地を寝かせてください。粉
がなじんできれいに焼けます。混ぜたてを焼くと生地がなじんでいないので
上手く焼けません。クレープを作る前の晩に生地を作り、ボウルに入れて
ラップをして寝かせておきます。焼くときは下に粉が沈んでいるので、よくか
き混ぜてください。焼くときのバターは、クラリフェ（湯せんで溶かしたバター
のうわずみ）を使ってください。

カスタードクリーム

材料（770g分）

薄力粉 ──── 60g

コーンスターチ ──── 5g

卵黄 ──── 6個分

グラニュー糖 ──── 100g

バニラビーンズ ──── 1本

牛乳 ──── 500㎖

バター ──── 20g

作り方

1 薄力粉とコーンスターチを合わ
せて、ふるっておく。

2 ボウルに卵黄を入れ、湯せんに
かけながら、泡立て器で泡立て、
途中でグラニュー糖を3回に分
けて加え、よく泡立てる。白っぽ
く、もったりとなったら、**1**を加え
て、粉が残らないようによく混ぜ
合わせる。

3 牛乳を鍋に入れて、バニラビー
ンズを縦に二つに分けて加え、
沸騰させないように温める。

4 **2**に**3**を少しずつ加え、しっかり
混ぜ合わせる。鍋に移して火に
かけ、トロッとなるまで混ぜ合わ
せ、火を止めてから、バターを加
えてさらに混ぜ合わせる。

5 **4**を温かいうちに裏ごしして、ボ
ウルごと氷水にあてて冷やす。

オレンジの皮の
シロップ煮

材料

オレンジの皮 ──── 3個分

水 ──── 適量

グラニュー糖 ──── 大さじ3

グレナデンシロップ ──── 大さじ1

レモン汁 ──── 適量

作り方

1 鍋に湯を沸かし、オレンジの皮
を入れる。しんなりとなるまでゆ
で、ゆでた湯は捨てる。これを
3回ほどくり返す。

2 オレンジの皮がひたひたになるま
で水を注ぎ、中火にかける。皮が
やわらかくなったら、グラニュー
糖を大さじ1ずつ、5分ごとに3
回に分けて加える。グレナデン
シロップ、レモン汁を加えて、じっ
くりと煮詰める。火からおろした
ら、そのまま冷ましておく。

4 **2**に**3**を大さじ1ずつのせ、1/4
サイズに折りたたむ。

5 フライパンにグラニュー糖と溶か
しバターを入れ、キャラメル状に
なるまで煮詰める。オレンジキュ
ラソーを加えて、フランベしてか
ら、オレンジの搾り汁とレモン汁
を加えて煮る。

6 **5**の中に**4**を入れて温め、皿に
盛り、冷めないようにしておく。

7 **6**の残りのソースに、皮をむいて
くし形に切ったオレンジを入れて
温め、クレープにのせる。ソー
スをかけ、細く切ったオレンジの
皮のシロップ煮を飾る。

コーヒーのグラニータ

ほろ苦いグラニータが
口の中でとろける大人のシャーベット

材料（1人分）

エスプレッソコーヒー ──── 200㎖
グラニュー糖 ──── 40g
コーヒーゼリー（市販）──── 1カップ
ココナッツアイスクリーム ──── 適量
ミントの葉 ──── 適量

〈ココナッツアイスクリーム〉（4人分）
ココナッツミルク ──── 500㎖
生クリーム ──── 100㎖
牛乳 ──── 325㎖

作り方

1 エスプレッソコーヒーを濃いめにいれ、グラニュー糖を混ぜ合わせ、ボウルかバットに入れ、冷凍庫で凍らせる。表面が固まったら15分ごとにフォークでかき混ぜ、4〜5回くり返してかき氷状にシャリシャリにする。

2 器にコーヒーゼリーを入れる。**1**のグラニータを盛り、ココナッツアイスクリームをのせて、ミントを飾る。

ココナッツアイスクリーム

作り方

ココナッツミルク、生クリーム、牛乳をボウルに入れて混ぜ合わせ、アイスクリーマーに入れて仕上げる。

Nota dello chef

必ずエスプレッソで作ります。冷凍庫に入れ、15分おきにかき混ぜながら凍らせます。かき混ぜることを忘れてしまうと、液が硬くなってしまうのでこまめにかき混ぜ、グラニータにしてください。
かき混ぜるボウルはステンレスなど熱伝導率のいいものを使用。アルミホイル、プラスチック、ホーローは伝導率が低いので時間がかかります。ココナッツアイスクリームはコーヒーと合いますが、なければバニラや、マスカルポーネのティラミスのクリームでも美味しくなります。グラッパを少量入れたホイップ生クリームでもいいでしょう。

オレンジグレープフルーツゼリーと紅茶のグラニータ

＼ ゼリーとかき氷を同時に味わう冷たいドルチェ

材料（10人分）

オレンジ ——— 4個
グレープフルーツ ——— 4個
水 ——— 適量
赤オレンジジュース ——— 500㎖
板ゼラチン ——— 16g
グラニュー糖 ——— 130g
紅茶のグラニータ（下記）——— 適量
ミントの葉 ——— 適量

〈紅茶のグラニータ〉
アールグレイ（茶葉）——— 小さじ7
水 ——— 1ℓ
グラニュー糖 ——— 150g

作り方

1 板ゼラチンは水に20分ほどつけてふやかしておく。

2 オレンジとグレープフルーツは皮をむき、くし形に切り、その後に残った薄皮や実などを搾り、オレンジとグレープフルーツの果汁を作っておく。その量と水で500㎖になるように水の量を調整しておく。

3 赤オレンジジュースを火にかけ、**2**の果汁と水（合わせて500㎖）、グラニュー糖、**1**の水気を絞ったものを加え、ゼラチンを溶かす。

4 バットに**3**を注ぎ入れ、**2**の果実を並べて冷ます。冷蔵庫に入れて冷やし固める。

5 **4**が固まったら器に盛り、上に紅茶のグラニータをのせ、ミントを飾る。

紅茶のグラニータ

作り方

1 鍋に水とアールグレイ茶葉を入れ、火にかけ、煮立ったらこし器でこす。

2 **1**にグラニュー糖を加えて混ぜ合わせ、バットに入れ、冷凍庫に入れて凍らせる。途中30分ごとに4〜5回、フォークなどでかき混ぜ、シャリシャリした状態になるように凍らせる。

Nota dello chef

グラニータは薄い味のものをかき氷にすると水っぽくなってしまいます。紅茶は少し濃いめにいれてください。今回はアールグレイの紅茶を使っています。アールグレイ独特の強い香りが、グラニータ状になるとマイルドにちょうどよくなります。紅茶と合うオレンジとグレープフルーツをゼラチンで固めて一緒にいただきます。

Macedonia con getato vagniglia

マチェドニア

好きなフルーツにアイスをのせていただく

材料（6人分）

オレンジ ┄┄┄ 1個

ブルーベリー ┄┄┄ 18個

ラズベリー ┄┄┄ 12個

りんご ┄┄┄ 1/2個

キウイ ┄┄┄ 1個

いちご ┄┄┄ 5〜6個

パイナップル（缶詰） ┄┄┄ 1/3缶

A │ グラニュー糖 ┄┄┄ 30g

白ワイン ┄┄┄ 60㎖

レモン汁 ┄┄┄ 大さじ2

マラスキーノ酒 ┄┄┄ 大さじ2

オレンジリキュール ┄┄┄ 大さじ2

オレンジジュース ┄┄┄ 60㎖

パイナップルのシロップ ┄┄┄ 30㎖

バニラアイスクリーム ┄┄┄ 適量

ミントの葉 ┄┄┄ 適量

作り方

1 フルーツはブルーベリー以外すべて一口大に切り、ボウルに入れる。

2 1にAを加えて混ぜ合わせて冷蔵庫に入れ、味をなじませる。

3 2のフルーツマリネを器に盛り、アイスクリームをのせてミントを飾る。

Nota dello chef

マチェドニアはフルーツがくずれてはいけません。硬いフルーツとやわらかいフルーツを一緒に混ぜたらくずれてしまいます。例えばバナナ、キウイ、スイカ、いちごなどやわらかいものは、後からさっとあえるだけにしてください。オレンジキュラソー、白ワイン、マラスキーノのようなお酒を少量入れると風味がよくなります。

カフェ・アフォガート

コーヒー好きにはたまらない
イタリアの定番デザート

材料（4人分）

エスプレッソ ──────── 120mℓ
バニラアイスクリーム ──────── 240g

作り方

1 カップにバニラアイスを入れる。

2 **1**の上からエスプレッソを注ぐ。

Punto dello chef

アフォガートとは「溺れた」という意味
です。コーヒーの中でアイスクリームが溺
れているという意味のデザートです。コー
ヒーは必ずエスプレッソにしてください。

ドルチェを知れば
イタリア料理がよくわかる！？

イタリア語でdolce（ドルチェ）とはデザートのこと。お茶の時間に楽しむこともありますが、今回ご紹介したのはディナーの最後に食べるデザートです。

ワインと一緒に楽しんだ食事を締めくくり、ドルチェにより充実した時間を過ごすことができます。イタリア人も、コーヒーとともにゆっくりと楽しんでいます。

ドルチェは、イタリアの各地域で生まれ、それぞれの素材を生かしたものになっています。

酪農が盛んである北イタリアでは、乳製品を使ったドルチェが考案されました。パンナコッタはピエモンテ州、ティラミスは北イタリアのヴェネト州で生まれました（諸説あり）。ティラミスは「私を天国に連れていって！」という意味のお菓子で、その名の通り、口の中でとろけるマスカルポーネチーズとコーヒーの香りは、食べた人を天にも昇るような気持ちにさせてくれます。

一方、南イタリア・シチリア州発祥のドルチェにグラニータがあります。冬の間に穴を掘って夏まで保存した雪を、夏にデザートとして売ったことが始まりといわれています。グラニータはオレンジ、レモン、紅茶、コーヒーの風味をつけたかき氷で、イタリアの夏の風物詩とも言えます。

Salsa

ソース

イタリア料理にとってソースはとても重要になります。
きちんと作ったソースを使うと、パスタやメインの肉や魚、
サラダが美味しいイタリア料理に変身するのです。
時間や手間がかかっても、
ぜひソースを手作りしてみてください。
トマトやポルチーニ茸を使った基本のものから、
木の実を使ったコクのあるもの、
ワインを使用したもの、ハーブで作るものなど
多彩なソースを紹介します。

基本のトマトソース

ナポリの最高のトマトソースは
イタリア料理にかかせない

材料（1.5ℓ分）

ホールトマト（缶詰）……… 2kg
たまねぎ ……… 2個
バジル ……… 8〜10枚
にんにく ……… 2片
オリーブオイル ……… 150㎖
塩・こしょう ……… 各適量

作り方

1 にんにくは包丁で押しつぶす。たまねぎは皮をむいてざく切りにする。

2 鍋にオリーブオイルとにんにくを入れてから火にかける。たまねぎを入れ、弱火で炒める。たまねぎがあめ色になるまで、へらでかき混ぜながら弱火で1時間くらいゆっくりと炒める。

3 ホールトマトを加え、バジルの葉を切らずにそのまま鍋に入れ、塩・こしょうで調味してから強火にする。

4 煮立つ寸前に弱火にし、へらでトマトを粗くつぶしながら約40分煮込む。

5 火からおろし、こし器で**4**をこす。

✎ Nota dello chef

ナポリのトマトソースは簡単にできます。日本のトマトは甘めなので、酸味のあるイタリア産のホールトマト缶で作りましょう。少し調理時間がかかるので、一度にたくさん作り、保存袋で小分けにして、冷凍保存するのがおすすめです。1か月以内に使いきりましょう。オムレツ、エビチリ、パスタ、魚、肉などさまざまな料理に合わせてみてください。こし器の網目が粗いと仕上がりが水っぽくなります。

Sugo di Ragù ai carne

基本のミートソース

時間をかけて作るほど
深みが増すソース

材料（6人分）

牛豚合いびき肉 ——— 500g

たまねぎ ——— 1個

にんじん ——— 50g

セロリ ——— 1本

にんにく（みじん切り）——— 1片

ホールトマト（缶詰）——— 1kg

赤ワイン ——— 1/2カップ

水 ——— 1カップ

ブイヨンキューブ ——— 1個

オリーブオイル ——— 大さじ4

ベイリーフ ——— 1枚

ローズマリー ——— 1本

セージ ——— 1枚

ナツメグ ——— 適量

塩・黒こしょう ——— 各少々

作り方

1 たまねぎ、セロリ、にんじんはみじん切りにする。

2 鍋にオリーブオイルとにんにくを入れて火にかけ、にんにくがきつね色になるまで弱火で炒める。1を加えてかき混ぜながら、弱火で1時間ほどじっくりと炒める。

3 合いびき肉を加えて混ぜ合わせ、塩・黒こしょうをふる。混ぜながら中火で10分間ほど炒める。ベイリーフ、ローズマリー、セージを加え混ぜ合わせる。

4 赤ワイン、手でつぶしたホールトマト、水、ブイヨンキューブ、ナツメグを加え、混ぜ合わせる。アクを取り、ときどきかき混ぜながら、弱火で3時間ほど煮込む。

Nota dello chef

野菜は1時間以上炒め、煮込む時間は3時間以上かけてください。時間をかけないと、肉から味が出ないで終わってしまいます。3時間煮込んでやっと、野菜の旨みと肉の旨みが一体となりますよ。ナツメグやハーブを入れてみてください。

Sugo di funghi porcini

基本のポルチーニソース

世界三大きのこを使った、
歯ごたえと豊かな香りのあるソース

材料 （500ml分）

ポルチーニ（乾燥）……… 50g
たまねぎ ……… 1個
にんにく ……… 1片
オリーブオイル ……… 適量
赤ワイン ……… 100ml
ホールトマト（缶詰）……… 100g
パセリ（みじん切り）……… 適量
塩・こしょう ……… 各適量

作り方

1 乾燥ポルチーニはボウルに入れ、ひたひたの水で30分戻す。ボウルの中で一つずつ丁寧に洗い、粗く刻む。戻し汁はうわずみを使うので、そのままにして汚れを沈殿させる。

2 たまねぎ、にんにくをみじん切りにする。

3 鍋にオリーブオイルとにんにくを入れ、にんにくがきつね色になるまで弱火で炒める。きつね色になったらたまねぎを加える。たまねぎが茶色っぽくなるまで弱火で1時間くらい炒める。

4 **3**に、刻んだポルチーニを入れ、さっと炒める。赤ワインを入れる。

5 アルコール分が飛んだら**1**の戻し汁のうわずみと手でつぶしたホールトマトを加え、強火にする。沸騰したら弱火にして、とろみがつくまで約1時間煮込む。

6 塩・こしょうで味を調え、パセリを加える。

Nota dello chef

乾燥ポルチーニは、水で30分ほどかけて戻してください。石づきに砂や土がついていることがあるので、よく掃除して戻すことが大切です。石づきを中心に、指先で砂をていねいに洗いましょう。戻し汁はうわずみを使うので、容器を動かさずに汚れを沈殿させてください。ソースは焦げつきやすいので、ときどきかき混ぜながらじっくりと煮込んでください。

Salsa al vino rosso
赤ワインソース

ベルギーエシャロットが存分に料理の旨みを引き出す

材料（100㎖分）

赤ワイン ——— 200㎖

エシャロット ——— 1個

マルサラ酒 ——— 50㎖

フォン・ド・ボー（下記）
——— 200㎖

無塩バター ——— 50g

作り方

1 エシャロットはみじん切り、または薄くスライスする。

2 鍋にエシャロットと赤ワインを入れて火にかけ、マルサラ酒を加えて煮る。煮立ったら弱火にし、水分がなくなるまでゆっくりとコトコト煮詰める。

3 フォン・ド・ボーを加えてさらに煮詰める。煮詰める間、アクはこまめに取る。

4 濃度が出るまで煮詰めたら、網目の細かいストレーナーを使って**3**をこす。

5 **4**のソースを再び弱火にかけてバターを加え、よく混ぜ合わせて仕上げる。

フォン・ド・ボー

材料（20ℓ分）

仔牛骨 ——— 30kg

仔牛すじ肉 ——— 10kg

牛すじ肉 ——— 6kg

にんじん ——— 8本

たまねぎ ——— 16個

セロリ ——— 10本

トマトペースト ——— 1600g

ホールトマト（缶詰） 2.5kg

にんにく ——— 6株

ポワローねぎ ——— 1本

ブーケガルニ ——— 適量

水 ——— 適量

サラダオイル ——— 適量

作り方（45cm×45cmの寸胴を使います）

1 牛骨と肉は、流水で余分な脂や血合いを洗う。

2 水気をきって天板に並べ、サラダオイルをふりかけて180℃のオーブンに入れる。途中でひっくり返しながら約30分間、十分に焦げ目がつくまで焼く。

3 **2**を鍋に移し入れ、天板に残った油を捨てて火にかけ、水を注いで天板についた肉をこそげ落とし、鍋に加える。

4 にんじんは縦半分に切り、たまねぎは半分に、セロリは葉と茎の部分に切り分け、天板に並べて焦げ目がつくまで180℃のオーブンに入れて焼く。

5 鍋に**4**を加え、残りの材料と水を入れて沸騰させ、弱火にしてアクをていねいに取り除きながら、10時間ほど煮込んでいく。

6 できあがったらこし器でこし、冷ましてから冷蔵庫で冷やす。

＊フォン・ド・ボーは手間と時間がかかるので、市販の缶詰を代用してもよい。
家庭で作る場合は1/10くらいの量で作る。

白ワインソース

魚介料理には必需品！冷凍すれば長期保存も可能

材料（200mℓ分）

白ワイン ――― 200mℓ

エシャロット ――― 1個

ベルモット ――― 100mℓ

フュメ・ディ・ペッシェ（下記）
――― 50mℓ

生クリーム ――― 100mℓ

無塩バター ――― 100g

レモン汁 ――― 小さじ1/2

塩・こしょう ――― 各少々

作り方

1 エシャロットはみじん切りにし、白ワイン、ベルモットとともに鍋に入れて火にかける。

2 煮立ったら弱火にし、煮詰める。水分がなくなったら、フュメ・ディ・ペッシェを加え、さらに煮詰めていく。

3 再び水分がなくなってきたら生クリームを注ぐ。少し煮詰め、かき混ぜながら無塩バターを少量ずつ加える。泡だて器でかき混ぜながらアクが出たら取り除き、煮詰めていく。

4 レモン汁を加え、塩・こしょうで味を調える。布目くらいの細かさのストレーナーでこす。

Nota dello chef

魚介や、鶏肉などによく合うソースです。ベルモットを入れることで旨みが出ます。味の決め手になるフュメ・ディ・ペッシェは、魚を基本にしただしです。作りおきで冷凍すれば長期間保存することができるでしょう。

フュメ・ディ・ペッシェ

材料（約400mℓ分）

白身魚のアラ ――― 1kg

たまねぎ ――― 1/2個

セロリ ――― 1/2本

にんじん ――― 3cm

ベイリーフ ――― 1枚

タイム ――― 適量

パセリの茎 ――― 適量

塩 ――― 少々

作り方

1 白身魚のアラをたたくようにして骨ごとぶつ切りにする。バットに並べ軽く塩をふり、10分くらい寝かせる。

2 たまねぎ、セロリ、にんじんを薄切りにする。

3 鍋に湯を沸かし、**1**のアラを入れてさっと火を通す。ひと煮立ちしたらざるに上げて水気をきり、アラの血合いを洗い流す。

4 再び鍋に戻して水をひたひたになるまで入れて火にかける。野菜類を入れ、塩少々を加えて煮込む。

5 煮立ってきたら弱火にし、アクを取りながら約30分間煮込む。

6 ストレーナーでスープを静かにこす。

Pesto alla genovese

ジェノベーゼソース

松の実とくるみで
驚くほどコクのあるソースに

材料（約400ml分）

松の実 ──── 70g

くるみ ──── 30g

バジル ──── 50g

にんにく ──── 1片

オリーブオイル ──── 200ml

パルミジャーノチーズ（粉末）
──── 30g

塩・こしょう ──── 各適量

作り方

1 松の実とくるみは200℃のオーブンで3〜4分間ローストし、冷ましておく。

2 バジルは、香りが損なわれないように洗わずに、手でちぎってミキサーに入れる。**1**の松の実とくるみ、にんにく、塩・こしょうを加え、オリーブオイルを入れてミキサーにかける。

3 **2**がペースト状になったらパルミジャーノチーズを加え、さらにミキサーにかけ、なめらかにする。

4 ボウルにあけて塩・こしょうで調味する。

Nota dello chef

ジェノベーゼは火を通さないことが大切なので、ボウルの中でゆでたパスタとあえてください。なぜならソースが油なので、火を通してしまうと分離してしまうからです。ソースにはくるみと松の実でコクが出て、バジルのしつこさも緩和されます。必ず松の実とくるみはローストし、香ばしさを出してください。松の実やくるみはアレルギーがあるので、気をつけてください。

Salsa marinara

マリナーラソース

魚介の料理に合う
とうがらしとにんにくのトマトソース

材料（1.5ℓ分）

ホールトマト（缶詰）───── 2.5kg
オリーブオイル ─────── 100㎖
にんにく（みじん切り）───── 2片
赤とうがらし ─────── 2〜3本
ベイリーフ ─────── 1枚
塩・こしょう ─────── 各適量

作り方

1 フライパンにオリーブオイルとにんにく、赤とうがらしを入れ、弱火でにんにくがきつね色になるまで炒める。

2 ホールトマトを加え、塩・こしょうで味を調え、ベイリーフを加えて、40〜60分ほど煮込む。

3 2をこし器（目が1〜2㎜）でこしてなめらかにする。

Nota dello chef

マリナーラソースにはたまねぎは入れません。たまねぎの甘みが苦手という方におすすめです。とうがらしとにんにくを使った大人のトマトソースです。魚介の料理を作るときのソースや、トマト味のパスタのベースソースになります。

Salsa alle erbe

香草ソース

ハーブが入った香り豊かなソース。
鮮やかなグリーンは肉に魚によく合います

材料（約300㎖分）

パセリ（みじん切り）…… 50g

バジル …… 10枚

ローズマリー …… 1/4本

セルフィーユ …… 4本

ケッパー …… 大さじ2

アンチョビフィレ …… 4枚

にんにく（みじん切り）…… 大さじ1

オリーブオイル …… 1カップ

塩・こしょう …… 各少々

作り方

1 パセリ、バジル、ローズマリー、セルフィーユ、ケッパー、アンチョビ、にんにくをミキサーに入れる。

2 1にオリーブオイルを加え、ミキサーをかけてなめらかなペースト状にする。

3 2のソースをボウルに移して塩・こしょうで調味する。

P.102
「仔羊のグリル」に使用

Salsa maionese con aglio

アイオリソース

アルポルトの定番ソース。
温野菜と抜群の相性！

材料（440㎖分）

卵黄 ───── 2個分

マスタード ───── 小さじ2

オリーブオイル ───── 400㎖

ワインビネガー ───── 40㎖

にんにく ───── 1片

レモン汁 ───── 10㎖

粒マスタード ───── 大さじ1

ウスターソース ───── 少々

タバスコ ───── 少々

塩 ───── 少々

作り方

1 ボウルに卵黄、マスタードを入れて軽く混ぜる。ワインビネガーを少量入れて混ぜる。

2 オリーブオイルを少しずつスプーンにとっては、糸状にたらすように注ぎ、混ぜる。

3 ソースがなじんできたら、直接カップから少量ずつ注ぎながら混ぜる。このときワインビネガーとオリーブオイルを交互に加えて混ぜる。

4 にんにくのみじん切りを加える。レモン汁と塩を加える。

5 粒マスタードを加えてさらに混ぜる。タバスコとウスターソースを加えて混ぜる。

Nota dello chef

オリーブオイルは一度に入れずに、少しずつたらして混ぜることが上手に作る技です。

Salsa aurora

オーロラソース

サラダや揚げものにぴったり。
隠し味のブランデーでワンランク上のソースに

材料（約130g分）

マヨネーズ ……… 100g

トマトケチャップ ……… 30g

生クリーム ……… 小さじ1

レモン汁 ……… 少々

タバスコ ……… 少々

ブランデー ……… 小さじ1/2

ウスターソース ……… 少々

作り方

1 ボウルにマヨネーズを入れる。マヨネーズと同じ硬さに立てた生クリーム、トマトケチャップを加え、よく混ぜ合わせる。

2 1にレモン汁、ブランデー、タバスコ、ウスターソースを加えて再びよく混ぜる。

Nota dello chef

味の強い食材や料理にも負けないソース。

Salsa aceto balsamico

バルサミコソース

*ぶどうから作られた
バルサミコ酢を使ったイタリアの味*

材料（約80ml分）

バルサミコ酢 ──── 200ml
オリーブオイル ──── 大さじ2
レモン汁 ──── 小さじ1
塩・こしょう ──── 各少々

作り方

1 鍋にバルサミコ酢を入れ、弱火でゆっくり煮詰める。 1/4くらいに煮詰まって、とろみが出てきたら火を止める。

2 1にオリーブオイル、レモン汁、塩・こしょうを入れて仕上げる。

nota dello chef

まろやかな酸味と香りが、肉や魚料理を引き立てます。

Condimento alla Giaponese

日本風おさしみソース

フレンチドレッシングをベースにした
和風のソース

材料（約230mℓ分）

フレンチドレッシング（P.139）───── 1カップ

しょうゆ ─────── 大さじ1

レモン汁 ─────── 少々

粒マスタード ─────── 大さじ1

フレンチマスタード ─────── 小さじ1

バルサミコ酢 ─────── 10mℓ

作り方

1 ボウルに粒マスタードとしょうゆ、フレンチマスタードを入れる。

2 1をよく混ぜ合わせ、レモン汁を入れる。フレンチドレッシングを少しずつ加え、よく混ぜ合わせる。

3 2にバルサミコ酢を加えてソースを仕上げる。

P.8
「白身魚の
カルパッチョ」に使用

Condimento francese

フレンチドレッシング

いろいろな料理に使える
万能ドレッシング

材料（300ml分）

たまねぎ ……… 1/2個
酢 ……… 1/3カップ
サラダオイル ……… 200ml
マスタード ……… 小さじ1
レモン汁 ……… 大さじ1
塩・こしょう ……… 各少々

作り方

1 たまねぎは皮をむいてすりおろし、ボウルに入れて塩・こしょう、マスタードを加えて泡立て器で軽く混ぜる。レモン汁と酢を加えてよくかき混ぜる。

2 サラダオイルを少しずつ加えてソースを仕上げる。

Nota dello chef

使うときはよくふってください。

P.18
「カプレーゼ」に使用

美味しさを10倍にする
オリーブオイルの選び方

オリーブオイルは、オリーブの果実を原料として作られた油です。100%オリーブからできた、いわばジュースのようなもの。イタリア料理ではあたり前のように使われていますが、その芳醇な香りはさまざまな場面で華を添えてくれます。

健康や美容にプラスになるポリフェノール、ビタミンEやβカロテンを豊富に含んでおり、悪玉コレステロールを抑制する効果があるといわれています。また、オレイン酸も含んでいて、味わいだけでなく体の調子も整えてくれるでしょう。

オリーブオイルにはたくさんの種類がありますが、家庭では大まかに、「エキストラバージンオリーブオイル」と「ピュアオリーブオイル」の2種類を使い分けてみることをおすすめします。

「エキストラバージンオリーブオイル」

酸度0.8%以下の高級なオリーブオイルです。香りと風味が高く、サラダやマリネ、パン、パスタなどにそのままかけて食べてみてください。風味豊かなオリーブオイルはそのまま使うことで、食材のよさを引き立てます。パスタの仕上げにかけると、オイルの香りと共に楽しむことができます。もちろん加熱して使っても美味しいです。

「ピュアオリーブオイル」

エキストラバージンオイルと、オリーブオイルを精製して味や香りのないオイルをブレンドしたもの。イタリアでは肉や魚の炒め料理や揚げものに使います。エキストラバージンオイルに比べてクセがないので、素材を引き立たせたいときや、味の濃いものを料理するときなどにおすすめです。

イタリア料理に欠かせない
「美味しい器」たち

ジノリ1735は、イタリアの陶磁器のブランドです。1735年にカルロ・ジノリ侯爵が、フィレンツェ郊外の自領で磁器窯を開いて創業しました。

「アルポルト」では開業当初から、この歴史あるジノリの食器を使っています。私はイタリアの遊び心があるお皿が好きだからです。

鮮やかな色があったり発想豊かな柄だったり、私が使い始めた当初はとても面白いデザインが多くありました。例えば表にヒビが入っているお皿です。裏を見てもやはりヒビが入っている。「なんで割れた皿で出すの?」とお客さんはびっくりするけれど、本当は割れているわけではなく、いたずら心がある柄なのです。そういう奇抜なことをイタリア人は考えます。イタリア人の気質溢れる、ウィットに富んでいるデザインです。

家庭で使う食器にも、みなさんそれぞれ思いがあるでしょう。こういうデザインが好きと心で感じ、料理だけでなくお皿でも自分の料理を楽しんでください。

イタリア陶磁器 ジノリ1735　www.ginori1735.com

美味しいパスタのいろいろ

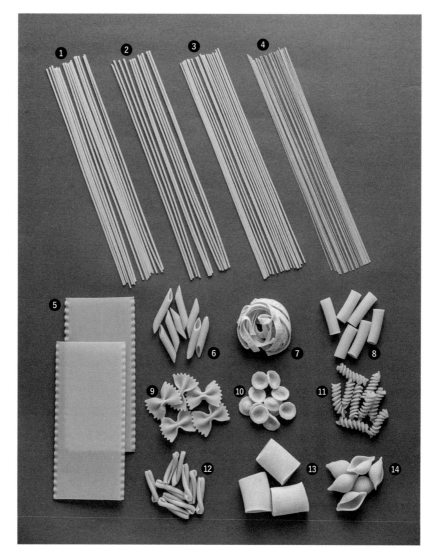

❶ リングイーネピッコレ
平たいパスタです。弾力のある食感が特長。

❷ ヴェルミチェッリ
ナポリ発祥の太めのパスタです。

❸ スパゲッティーニ
1.6mm〜1.7mmのパスタ。トマトソース（P.126）が定番です

❹ カッペリーニ
1mmほどの極細のパスタ。ミネストローネなどスープの具として楽しめます。

❺ ラザニア
厚みのある板状のパスタ。卵を加えて練ってあります。

❻ ペンネ　表面に細かい溝がはいったペン先のような形をした筒状のパスタ。

❼ フィットゥチーネ
平たい形が特徴の幅広パスタ。

❽ リガトーニ
外側に溝のある、大きめのマカロニのような筒状のパスタ。

❾ ファルファッレ
蝶の形をした小さなパスタ。凹凸が多い。

❿ オレキエッテ
「小さな耳たぶ」という意味のパスタ。しっかりと火を通したブロッコリーとよく合います。

⓫ フスィリ
フジッリと呼ばれることもあります。イタリア語で「糸巻き」という意味がある、らせん状にねじれた形のパスタ。

⓬ カサレッチャ
シチリア伝統の断面がS字の形をしたショートパスタ。

⓭ パッケリ
もっちりとして、歯ごたえのある直径2.5cmの筒状の大きなパスタ。

⓮ コンキリエ
イタリア語で「貝殻」を意味する言葉で、その名の通り貝殻の形をしたパスタです。

写真協力：株式会社日清製粉ウェルナ

リストランテ アルポルト

1983年、東京・西麻布にオープンした本格イタリア料理店。

シェフ片岡護がイタリア修業時代、ミラノのレストラン『アルポルト』で研修し、オーナー・ドメニコ氏の了承を得て名前をつけた。

前菜からドルチェまで季節の食材を使用し、素材の持ち味を生かした優しい味わいに仕上げ、長男のシェフ片岡宏之とともに、目でも楽しめる華やかなイタリアンを提供する。著名人もよく訪れ、至福の一皿を堪能できる。

〒106-0031 東京都港区西麻布3-24-9 上田ビルB1F
☎03-3403-2916
ランチ　11：30〜15：00（L.O.13：30）
ディナー　17：30〜22：00（L.O.20：00）
定休日 毎週月曜日、第1・第3火曜日
https://www.alporto.jp

**「リストランテ アルポルト」
シェフ**

片岡 宏之 （かたおか ひろゆき）

1982年、東京生まれ。

片岡護の長男として誕生。父の仕事に憧れ、料理の世界を志す。

専門学校を卒業後「DONアルポルト」を経て、2006年、イタリアに渡り、トスカーナ、ピエモンテなどのリストランテで修業を積む。帰国後、東京渋谷の「テオブロマ」でパティシエ修業に励んだのち、「リストランテ アルポルト」のシェフとなる。近年はメディア出演や各地での料理教室などで、活躍の場を広げている。

片岡 護（かたおか まもる）

1948年9月15日生まれ。東京都出身。
1968年イタリア総領事付の料理人としてミラノで修業。
暇を見つけては足繁くレストランに通い、その数は数え
切れないほど。1974年、イタリアより帰国し「小川軒」
にて修業、「マリーエ」でシェフを務め、1983年「リスト
ランテ アルポルト」を開店。
テレビ、雑誌などメディアで活躍。主な著書に『片岡
護のイタリアンパスタレシピ 決定版120: 伝統の味か
らアルポルトオリジナルまで』(誠文堂新光社)、『イタリ
ア料理の基本 LA CUCINA ITALIANA』(新星出版社)、
『イタリア菓子の基本』(世界文化社)など多数。

https://www.alporto.jp

STAFF

撮影	山田ミユキ
デザイン	釜内由紀江、清水 桂、井上大輔 (GRiD)
スタイリング	有限会社ケイ
編集・文	伊藤 剛、岡﨑灯子 (Eddy Co.,Ltd.)
企画プロデュース	水谷和生
調理スタッフ	船木貴則 (アルポルト)
	市岡 聡 (アルポルト)
	阪本 開 (アルポルト)

協力

リチャードジノリ・アジアパシフィック株式会社
Tel：03-3222-1735

株式会社日清製粉ウェルナ

本書の内容に関するお問い合わせは、お手紙かメール
(jitsuyou@kawade.co.jp)にて承ります。恐縮ですが、
お電話でのお問い合わせはご遠慮くださいますようお願
いいたします。

家庭でできる
本格イタリアン、プロの味。

2023年5月20日 初版印刷
2023年5月30日 初版発行

著　者	片岡護
発行者	小野寺優
発行所	株式会社河出書房新社
	〒151-0051
	東京都渋谷区千駄ヶ谷2-32-2
	電話 03-3404-1201 (営業)
	03-3404-8611 (編集)
	https://www.kawade.co.jp/
印刷・製本	三松堂株式会社

Printed in Japan
ISBN978-4-309-29289-2